# 산업현장의 중대재해,
# 어떻게 막을 것인가

### 진정성으로 만드는 지속 가능한 안전경영

김근영 지음

# 서문

산업계의 중대재해를 줄일 목적으로 '중대재해기업처벌법'(중처법)을 만들어 시행한 지가 4년이 지나고 있지만 산업 현장의 중대재해는 뚜렷한 개선의 성과를 보이지 않고 있다.

50인 이하의 사업장도 중처법의 대상이 되었지만, 중소기업의 중대재해를 막기위한 준비는 제대로 되어있지 않아 사회적으로 법 적용시기에 대한 논란이 불거졌었다.

중요한 것은 중대재해는 기업 규모와 상관없이 반드시 방지해야 할 대상인 것은 자명하다. 다만 법이 요구하는 수준이 기업의 경영에 미치는 영향이 과도하다고 느낀다는 것이다. 이 부분은 안전경영에 대한 본질을 이해하고 나면 그리 문제가 될 것이 없다.

모든 문제의 해결을 형식 중심으로 접근하니 현실성이 떨어지고 실효성이 낮아질 수 밖에 없다. 법의 집행도 안전사고에 대한 결과에 책임을 묻기 보다는 해당 기업이 사고방지를 위해 꾸준히 노력해 왔다면 경영자에게 책임을 묻기에 앞서 부족한 영역을 보완토록 행정지도를 해주어 동일 사고의 방지를 해주는게 중요하다.

중처법의 본질은 중대재해 발생을 막겠다는 것이지 사고만 나면 기업의 책임자를 구속하겠다는 것은 아니다. 그러니 이번 기회에 기업의 책임자도 근로자를 중대재해로부터 안전하게 보호해야겠다는 진정성을 가지고 안전경영에 신경을 써야한다.

정부도 기업의 경영자가 제대로 중대재해를 방지하기 위해 최선을 다하도록 합리적으로 지도하고 리드해 주어야 한다. 그래서 정부와 기업이 중대재해를 획기적으로 개선하겠다는 공동의 목표를 가지고 협력하고 노력해야만 현장 중심의 개선의 실효성을 높일 수 있다.

법의 요구사항도 비용이 과도하게 들어가는 무리한 대책을 강요하기 보다는 해당 현장에 존재하는 불안전요소들을 스스로 찾아서 문제를 해결하도록 해야한다.

문제의 본질만 알면 큰 비용 없이도 근본적인 대책을 마련할 수가 있기 때문이다.

그 동안 기업은 중대재해를 막기위해 산업현장의 작업환경개선 보다는 재해 발생시 중처법에 의해 부여될 책임을 회피하기 위한 방어적인 대책들에 비용과 시간을 투자했다.

이런 잘못된 생각을 멈추지 않으면 비용과 시간을 아무리 투자해도 중대재해는 줄어들 수가 없다. 이제는 이런 비효율적이고 잘못된 행동은 바꿔야 한다.

필자는 이 책을 통해 안전경영의 본질을 이해하고 진정성 있는 실행을 통해 현장 구성원과 경영자가 함께 중대재해의 발생원인을 찾아내고 재발방지대책을 시행하여 그 발생 확률을 지속적으로 낮추어 나갈 수 있도록 하는데 도움이 되었으면 하는 바램으로 부족하지만 이 책을 쓰게 되었다.

부디 이 책이 안전경영의 둥지가 되어 대한민국 기업과 국가의 안전 시스템 구축에 작은 보탬이 되었으면 한다. 사람을 귀하게 여기고 현장을 사랑하는 '진정성'만 있다면 이루지 못할 일은 없다.

2025년 9월 북한강 강변에서 *김근영*

# 목차

서문  4

## Part 1  공장경영의 ABC
1. 진정한 제조 경쟁력이란  12
2. 공장경영의 우선 순위  18
3. 안전과 품질은 비용이다?  20
4. 안전경영의 핵심 3요소  24
5. 예지보전 능력을 강화하라  27

## Part2  내가 사랑하는 사람들
1. 나의 가난한 아버지  34
2. 행복을 맞추는 양복점  38
3. 진정성이 오는 순간  40
4. 안전경영의 전환점 '2014'  44

## Part3  일하기 좋은 기업(GWP) 만들기

    1. 원가보다 안전을 상석에 둬라(Trust)   51

    2. 잘못된 신상필벌의 원칙(Pride)   56

    3. 신나는 현장개선여행(Fun)   59

    4. 섬김의 출발점 '서번트리더십'   63

## Part4  RM 3 요소 되돌아 보기

    1. 경영자에게 '오장칠부'를 선물하라   76

        (Top의 안전에 대한 확고한 의지와 방침)

    2. 사람이 최고의 자산이다   81

        (안전 전문조직 구축과 자원의 할당)

    3. 성공의 관건은 '지속가능한 시스템'   84

        (지속 실행 가능한 안전경영시스템)

## Part5  안전으로 가는 다섯 계단

1. 안전경영 시스템 1단계 [인식]   89
2. 안전경영 시스템 2단계 [개선]   105
3. 안전경영 시스템 3단계 [예방]   111
4. 안전경영 시스템 4단계 [대응]   139
5. 안전경영 시스템 5단계 [진단]   153

## Part6  현장을 개혁하라

1. 오지를 탐험하듯 '개선여행'   159
2. 개선여행의 4가지 프로세스   164
3. 자발적 운영의 미학   177
4. 글로벌 안전경영을 위해   181
5. 여전히 사람이 희망이다   186

**맺음말**  192
**부록**  '공장장 1년의 기록'  195

# Part 1

## 공장경영의 ABC

## 1. 진정한 제조경쟁력이란

기업은 본질적으로 이윤을 목표로 한다. 이익이 발생하지 않으면 공장 문을 닫아야 한다. 특히 제조업의 경우는 시설과 인건비 등 투자가 많이 들어가기 때문에 이윤에 대해 민감하다. 일정한 시점(손익분기점)이 지나도록 수익이 나지 않는다면 경영자는 계속 회사를 운영해야 할지 고민을 해야 한다.

안전경영을 얘기하면서 공장경영을 먼저 언급하는 이유는 공장(회사)이 있어야만 안전여부도 논의할 수 있기 때문이다. 공장이 언제 문을 닫을지 모르는데 안전을 외쳐봐야 아무 소용이 없다. 즉, 공장이 제대로 돌아간다는 전제 하에 안전경영이 의미가 있다는 얘기다.

그렇다고 공장이 정상화될 때까지 안전을 희생시키라는 말은 아니다. 공장경영과 안전경영은 '닭이 먼저냐, 달걀이 먼저냐' 처럼 우선순위를 따질 사안으로 접근해서는 안 된다. 둘은 새의 좌우 날개처럼 동시에 움직여야 비상할 수 있는 것이다.

공장경영을 잘 하기 위해서는 우선 제조 경쟁력을 갖추는 방법에 대해 알아야 한다.
제조경쟁력이란 한마디로 'QCD 경쟁력'이라고 정의할 수 있다.
고객과 시장이 원하는 제품을 **균일한 품질**(Quality, 품질 경쟁력)로, **가성비 있는 가격**(Cost, 원가 경쟁력)으로, **원하는 때**(Delivery, 납기 경쟁력)에 공급할 수 있는 경쟁력을 말한다.

이런 QCD의 경쟁력을 구축하고 유지하는 것이 궁극적인 공장의 역할이고, 공장경영은 제품의 QCD 경쟁력에 영향을 주는 핵심요소를 제어하고 관리하는데 초점을 두어야 하는 것이다. 결국 제조경쟁력의 결과지표는 품질(Q), 원가(C), 납기(D)에 의해 좌우된다.

이처럼 공장의 역할은 Q(품질) C(원가) D(납기)의 제조 경쟁력을 지속적으로 유지 고도화시키는 것이다. 이런 QCD 경쟁력에 산포를 주는 요인이 있는데, 바로 생산의 4대 요소인 4M이다.

① Material: 재고관리, 수입검사, 공급선 관리 등(자재_구매부서)
② Machine: 설비보전, 부품, 예지보전(공무_보전부서)
③ Method: 표준관리, 매뉴얼, 지침 등(기술_품질부서)
④ Man　　 : 채용, 교육, 승진, 보상 등(인사_총무부서)

우리는 4M의 산포를 줄이기 위한 노력을 통해 제조경쟁력(QCD)을 유지하게 된다.

공장의 조직도 이런 관점에서 구성되어 있다.
생산관리란 바로 4M을 관리하는 부서들과의 협업을 통해 생산공정의 산포를 관리하고, 그 성능과 효율을 개선하기 위한 종합적인 활동이다.

따라서 생산부서는 생산량 등 생산성 지표에만 신경을 써서는 안 된다. 4M을 담당하는 관련 부서와 협업해서 궁극적인 제조경쟁력 지표인 QCD의 경쟁력을 유지하기 위한 종합적인 관점에서 업무를 수행해야 한다. 이렇게 만들어진 제조경쟁력을 지속가능하게 하고 고도화 하기 위해 반드시 선결해야 할 과제가 있는데, 이것이 바로 '안전경영'(Risk Management)이다. 환경안전, 식품안전, 조직문화에서 문제가 발생되면 그 동안 쌓아왔던 모든 제조경쟁력의 성과가 하루 아침에 물거품이 되어 버리기 때문이다.

**❉상호신뢰와 지속가능성(Trust + Sustainability)**

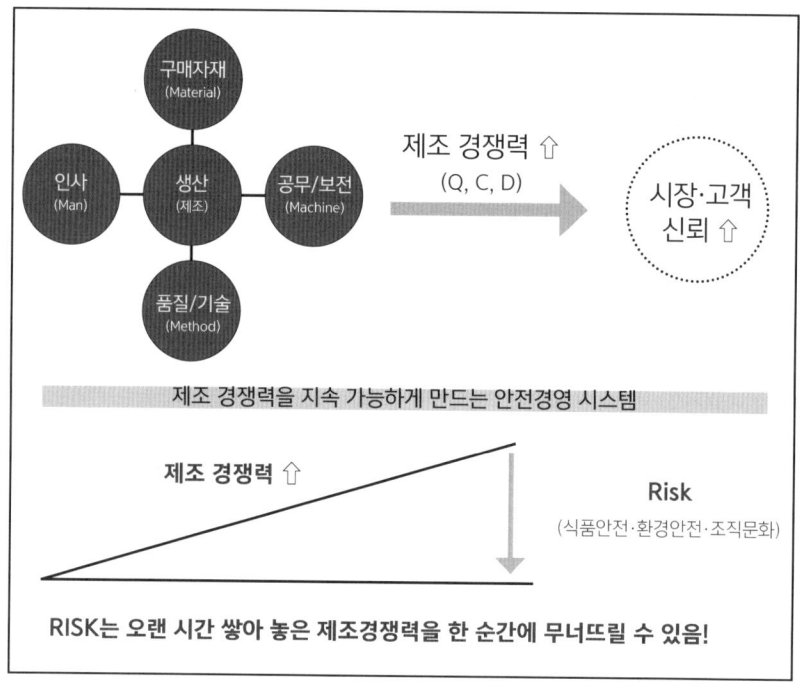

예를 들면 첫째, 대형화재로 공장시설이 소실되면 납기 문제로 고객의 신뢰를 잃게 된다. 최근 많이 발생하는 물류센터 화재 등을 꼽을 수 있다.

둘째, 건설현장에서 붕괴와 사망사고도 빈번히 발생한다. 최근 광주광 역시에서 발생한 H건설 현장 사고로 아파트를 전면 철거하고, 관련자는 중대재해처벌법에 따라 재판을 받게 되었다.

셋째, 식품에 쇳가루나 금속재질, 유리 등의 치명이물이 혼입되어 해당 기업에 치명타를 안기는 경우도 있다. 지난 7월 모 유명 햄버거 체인점에서 2cm크기의 굵은 철사가 발견되어 고객의 신뢰를 잃는 사례가 발생하였다. 이밖에 각종 유해물질 유출사고도 잊을 만하면 끊임없이 일어난다.

그래서 공장경영자는 안전경영을 공장경영의 최우선에 두어야 한다. 그런데 역설적으로 사고가 나기 전까지는 대부분의 공장경영자는 Cost - Quality -Risk 순으로 경영을 한다. 이것은 이슈의 발생확률이 Cost ≫ Quality ≫ Risk 순이기 때문이다.

안전/품질 문제가 크게 발생되기까지는 원가에 모든 노력을 집중하고, 또 그 성과로 단기성과 측정지표를 설정하다 보니 자연스럽게 미래의 리스크에 대해서는 "생각은 있으나 실제 실행에는 그다지 관심이 없게" 된다. 설령 생각을 실행에 옮기려 해도 단기적으로 표가 나지 않으니 자신의 재임 기간에 그 성과를 볼 수가 없어 지속적인 안전경영을 실천하기가 쉽지 않다.

안타깝지만 이것이 안전경영의 속성이고 부인할 수 없는 현실이다.

특히 QCD 경쟁력을 결정하는 것이 생산의 4대요소인 4M(Man, Material, Machine, Method)임을 주지해야 한다. 제조경쟁력이란 궁극적으로 이 4M을 가장 효율적이고 안정적으로 운영하여 제품의 -QCD 경쟁력을 확보하고 유지할 수 있는 역량이라고 요약할 수 있다.

하지만 아무리 제조경쟁력이 높아도 사람을 잃으면 모든 것을 잃는 것과 같다. 여기서 말하는 사람은 생산의 4대요소 속 인간(Man)과는 조금 다른 개념이다. 공장의 부속품으로서의 사람이 아니라, 가족을 부양하고 꿈과 희망을 가지고 살아가는 사람을 뜻한다. 이 사람을 살리고 함께 오래도록 같이 즐겁게 일을 하는 것이 안전경영이 지향하는 바다.

"경기도 고양시의 한 화훼농원에서 실습 중이던 대학생 남성이 기계에 끼여 숨지는 사고가 발생해 경찰이 조사 중이다. 21일 고양경찰서에 따르면 지난 20일 오전 11시26분께 고양시 덕양구의 한 화훼농원에서 20대 남성 대학생 A씨가 흙과 거름을 섞어주는 기계에 거름을 부으려다 안쪽으로 떨어져 숨졌다.

해당기계는 '상토혼합기'로 가로2m, 세로1m, 높이1.38m 크기로 파악됐다. 경찰은 A씨가 무거운 거름을 기계 안으로 붓는 과정에서 사고가 난 것으로 보고 있다. A씨는 대학 화훼학과에 재학 중인 학생으로, 교육과정에 포함된 실습을 하기 위해 여러 학생들과 함께 이 농원을 찾은 것으로 전해졌다." (뉴시스 2022년 6월 21일자)

이런 뉴스를 접할 때마다 분노를 넘어 깊은 절망에 빠지곤 한다. 언제까지 이런 후진국형 사고를 반복해야 하는 것인가. 이제 갓 스무 살을 넘긴 청년에게 어른들은 무슨 말을 할 수 있을까. 사람의 생명이 우선이라는 아주 간단한 원칙만 지키면 될 일을 우리는 얼마나 많은 생명을 잃고 나서야 사고의 폭죽열차를 멈출것인가?

제조를 하는 큰 공장들도 사정은 마찬가지다. 이 시간에도 많은 공장에서 안전사고가 끊임없이 발생하고 있다. 공장경영의 우선순위가 QCD 경쟁력을 제고하는 데 초점이 맞춰져 있기에 일어나는 전근대적인 사고다. 그 중에서도 원가에 많이 매몰되어 있다 보니 숨어있는 위험요소가 너무 많다.

'평판을 쌓는 데 20년, 무너지는 데 단 5분' 이라는 말이 있다. 기업 가치를 누구보다 냉철하게 평가하는 투자의 귀재 워런 버핏이 한 말이다. 한마디로 안전을 고려하지 않은 경영으로는 속된 말로 '한방에 훅 갈 수 있다'는 말과 일맥상통 한다.

안전경영(Risk Management)은 산업, 환경, 식품안전, 조직문화(노사관계)가 안정적으로 관리되고 있다는 전제 하에서 가능하다. 일본 제품의 품질이 왜 일관성이 있는지, 중국 제품의 품질은 왜 들쭉날쭉인지 알아보면 답이 나온다. 가장 중시하는 것이 안전이냐 원가냐를 따져보면 금방 알 수 있다.

하지만 리스크는 눈에 안 띄다 보니 대부분 공장경영이 거꾸로 돌아간다. 원가 중심으로 가면 품질이 떨어지고, 머잖아 경쟁력을 한꺼번에 잃게 되는 악순환이 계속 된다. 이런 이유로 공장의 경영철학이 바뀌어야 제조 경쟁력을 높일 수 있고, 지속가능한 공장경영이 가능하다.

나는 현장에 있을 때부터 리스크 관리가 품질과 원가 관리와 밀접하게 연결되어 있다고 강조해 왔다. 이런 안전경영의 노하우들을 후배 공장장에게 지속적으로 알려주고 싶다.

예를 들어 안전사고의 90% 이상이 설비고장이 있을 때 발생한다. 따라서 고장을 잡는 것 자체가 안전사고를 예방하는 일이다. 품질에서 산포가 나거나 고장이 나면 결국 비용이 상승하게 되어 있다. 그러나 대부분 거꾸로 일을 하고 있다.

품질과 원가를 한 번에 잡는 지름길은 안전 확보가 최우선이다. 동시에 그것이 진정한 제조 경쟁력을 높이는 현명한 방법이다.

## 2. 공장경영의 우선순위

앞에서 공장경영을 효율적으로 하기 위한 제조 경쟁력의 근간은 안전 확보라고 이야기를 했다. 현장에서 생산관리를 하면서 시장과 고객의 다양한 요구에 부응하고자 수많은 개선활동을 하고 있다. 그렇다면 어떤 것을 우선순위에 두어야 할까?

나는 공장경영에는 우선순위가 있다는 것을 꼭 짚어주고 싶다. 제조경쟁력의 품질, 원가, 납기 모두 중요한 지표지만 공장경영의 관점에서 우선순위를 정한다면 다음과 같다.

① 리스크(환경안전, 식품안전, 조직문화)
② 품질(산포 없는 제품 만들기)
③ 납기(제조 리드타임 줄이기)
④ 원가(가성비 높은 제품 만들기)

이 순서에 우선해서 4M을 제어하고 개선해가야 한다. QCD중에서 품질(특히 산포)이 우선인 이유는 일정한 품질을 보증할 수 없는 제품은 아무리 싸고 제때 공급해도 절대 고객과 시장에서 살아 남을 수가 없기 때문이다. 그래서 반드시 일정한 산포의 범위에서 생산할 수 있는 4M의 공정능력을 확보하는 것이 우선이다.

목표 산포 내에서 일정하게 생산할 수 있으면 그 다음은 고객이 원하는 시점에 대응할 수 있는 납기의 경쟁력이다. 또 고객이 필요한 때에 제품을 공급하기 위해서는 제품을 만드는데 걸리는 리드타임이 일정해야 한다. 긴급 오더에 대응할 수 있는 적정재고의 운영, 그리고 앞서 강조한 안정적인 품질수준을 유지해야 가능한 것이기 때문이다.

그리고 마지막으로 기업이 생존해 나가려면 고객과 시장이 수용할 수 있는 가격경쟁력을 확보하여 지속적인 이익을 창출하고 재투자하면서 성장해 나가야 한다. 대부분의 공장경영은 원가경쟁력을 확보하기 위한 필사의 원가절감 활동에 가장 많은 시간을 보낸다. 그만큼 시장에서 중요한 경쟁력이기 때문이다.

여기서 반드시 명심해야 하는 것은 원가경쟁력을 높이기 위한 수많은 비용절감(Cost down)의 개선은 반드시 4M의 변경점을 만들고, 그 변경점은 반드시 품질에 영향을 준다는 사실이다. 따라서 원가 개선을 할 때마다 반드시 품질의 변화를 점검해서 이상 유무를 확인해야 한다. 이것은 지극히 당연한 과정임에도 불구하고 고객과 시장에서 대형 클레임으로 발생되기 전까지는 원가절감 우선의 활동이 중심이 되는 것이 일반적인 현실이다.

공장의 혁신활동은 품질과 원가가 균형 있는 비중으로 진행하여야 한다. 시장에서 확고한 QCD 경쟁력을 확보했더라도 지속가능한 경영을 위해서는 리스크 예방이 반드시 전제 되어야 한다.

리스크는 단 한번에 모든 것을 무너뜨릴 수 있기 때문이다. 나는 이런 모습을 현장에서 수도 없이 보아왔기 때문에 반복해서 이야기를 하는 것이다.

공장 경영자는 공장경영의 우선순위가 리스크 관리임을 항상 명심하고 균형적인 공장경영을 해야 한다. 단기적인 성과에 매몰되어 중기적인 인프라 투자와 건전한 조직문화를 구축하지 않으면, 결국 후배 공장장이 그 리스크에 직면하는 불행한 일을 겪게 되기 때문이다.

공장장의 리스크 예방에 대한 확고한 철학과 실행 의지를 통해 공장 구성원들에게 항상 안전 우선, 품질 우선이라는 마인드셋을 조직문화로 가져가야 하는 이유다.

## 3. 안전과 품질은 비용이다?

많은 사람들이 안전과 품질 예방활동에 들어가는 투자는 비용이고, 원가를 올리는 활동이라는 인식이 강하다. 대부분 원가절감과 리스크 예방은 상반되는 활동이라고 생각한다. 그래서 매년 투자계획을 수립할 때 안전과 품질개선을 위한 투자가 우선순위에서 밀린다. 이런 이유로 제때 개선이나 인프라 투자가 안돼 결국은 큰 사고가 발생된 뒤에 부랴부랴 투자하는 경우가 다반사다.

旣喪其馬 乃茸厥廏(기상기마 내즙궐구)

'소(말) 잃고 외양간 고친다'는 뜻으로 정약용이 편찬한 <이담속찬>(耳談續纂)에 나오는 말이다. 이 속담처럼 대형 리스크는 그 발생빈도가 낮아서 평상시에 그 위험성을 인식하고 제때에 불안전 요소나 불합리한 상태를 바로잡는 시기를 놓치는 경우가 많다. 그런데 사실은 안전과 품질을 잡는 일은 결국은 원가를 절감하고 안정화 시키는 일이라는 점을 알아야 한다.

공장경영을 할 때 변경점과 이상점 관리를 많이 이야기 하는데, 그 본질을 한번 생각해 볼 필요가 있다. 변경점이란 원가절감, 품질개선 등 어떤 목적을 가지고 공정에 의도적인 변경을 주는 일이고, 이상점이란 우리의 의도와 관계없이 설비고장, 작업실수 등으로 정상의 상태를 벗어나는 일을 말한다. 안전사고나 품질사고도 대부분 이러한 변경점과 이상점에서 발생한다.

특히 이상점은 대형 사고를 유발하는 원천이다. 설비의 고장, 작업자의 실수, 원자재의 불량, 작업표준의 불완전 등이 대체로 그 원인들이다. 이상점의 원인 중 설비의 고장과 성능 저하로 인한 이상점이 가장 빈번하고 안전사고의 주범으로 지목되고 있다.

물론, 설비의 이상점은 품질과 원가에도 영향을 주는 중요한 개선 대상이다. 이러한 설비의 문제를 원가의 관점에서 접근할 것인가, 아니면 안전 또는 품질의 관점으로 접근할 것인가에 따라 그 결과가 사뭇 달라진다.

설비고장 관리의 지표로 MTTR(Mean Time To Repair)과 MTBF(Mean Time Between Failures)이 있다. MTTR은 설비고장 후 설비를 수리하여 정상화 시키는 평균시간으로 얼마나 고장을 빠르게 원상태로 복구하느냐를 관리하는 지표다. 만일 10회의 고장이 났는데 고장의 원인을 찾는 역량과 고장을 수리하는 보전원의 역량에 따라 그 손실은 차이가 나게 된다.

고장건수 × MTTR = 총손실시간. 즉, 고장건수를 줄이거나 수리시간을 줄여야 설비로 인한 손실을 줄일 수가 있다.

$$\text{손실율(DT율)} = \frac{\text{총손실시간}}{\text{기준시간}} = \frac{\text{MTTR} \times \text{고장건수}}{\text{MTBF} \times \text{고장건수}} = \frac{\text{MTTR} \downarrow}{\text{MTBF} \uparrow} \quad \left[ \text{MTTR} = \frac{\text{총손실시간}}{\text{기준시간}}, \text{MTBF} = \frac{\text{기준시간}}{\text{고장건수}} \right]$$

따라서, 원가 관점의 로스를 줄이는 방향은 MTBF를 늘리거나 MTTR을 줄여야 한다. 고장건수를 줄이는 일은 고장의 원인을 찾아 그 근본원인을 제거하는 일이라서 생각보다 쉽지가 않다. 현장 구성원에게는 주어진 시간이나 전문성의 제약으로 단시간에 성과를 내기가 어렵지만, MTTR을 줄이는 일은 훨씬 접근하기가 쉬운 영역이다.

예를들면, 자동차의 바퀴가 펑크 나는 일은 택시기사의 입장에서는 영업시간을 잃어 버리게 되어 당일 수입에 영향을 준다. 그래서 펑크가 나면 바로 교체를 할 수 있도록 스페어 타이어와 교체를 위한 잭, 스패너 등을 차에 비치해두는 것이다. 타이어 펑크가 나면 빠르게 스페어 타이어로 교체하여 운행시간의 손실을 줄이면, 그만큼 수입의 손실을 줄일 수 있다.

이것이 원가의 관점에서 타이어 고장에 대한 대응이다. 하지만 고장의 건수는 그대로라서 타이어 펑크로 인한 위험은 변한 게 없다. 타이어 펑크는 그것을 인지하는 정도에 따라 또는 당시 주행 상태에 따라 아주 큰 사고로 발전될 가능성이 높은 사고의 원인이다.

따라서 안전의 관점에서 보면 MTTR의 감소는 그다지 효과가 없는 설비 고장대책이고, 사고 건수의 감소를 추구하는 MTBF가 훨씬 유효한 지표가 되는 것이다. 어렵지만 고장의 근본 원인을 찾아 재발방지 대책을 찾는 노력은 결국 안전사고, 품질의 산포, 그리고 원가의 낭비를 동시에 잡는 대책이 된다.

이것이 안전의 관점에서 바라본 설비고장에 대한 개선전략의 차이점이다. 현장에서 보전원의 역량을 높이고 설비의 전문성을 높여 예지보전의 활동이 가능해지면, 비로소 고장의 근본원인을 제거하고 고장의 건수를 획기적으로 줄이는 성과를 만들어 낼 수가 있다.

이러한 사고를 작업자의 불안전한 행동 또는 안전의식부족이라는 단순한 원인으로 결론을 내리고 재해자에게 책임을 전가하는 것은 사고의 참 원인을 찾아 개선할 기회를 잃어버리는 꼴이다. 아주 통상적인 유효하지 못한 보여주기식 대책만이 반복적으로 세워질 뿐이다.

정리하자면 설비 고장의 근본원인을 찾아서 고치는 것이 위험의 확률을 줄여 공장의 안전과 품질을 높이는 것이다. 이 근본원인에 대한 처방을 하지 않으면 맨날 고장 난 기계를 손 보느라 시간을 낭비한다. 자칫 설비를 수리하느라 분주한 직원이 일을 잘하는 것으로 보여질 수도 있다.

하지만 이것은 엉뚱한 곳에서 삽질을 하는 것과 똑 같다. 한 삽을 뜨더라도 꼭 필요하고 정확한 곳에 삽 날을 꽂아야 한다. 우리는 근본원인을 제거하기 위해 몸소 삽을 들고 나서는 공장 경영자가 되어야 한다.

## 4. 안전경영의 핵심 3요소

현장 내에서 아주 빈번하게 일어나는 것이 바로 협착사고다. 이는 안전경영을 위협하는 가장 큰 요소이므로 대충 접근해서는 해결책이 없다. 앞서 지적한 근본적인 발상의 전환을 해야만 풀릴 수 있는 문제다.

협착사고는 손가락 또는 신체의 일부분 또는 전체의 기능을 망실하는 안전사고다. 무엇보다 관리자나 경영자가 재해자의 아픔을 진정성을 가지고 보아야 한다.
그들이 위험한 상태에 직면하지 않도록 해야 할 의무를 가져야 하는 것이다.

여러분들의 동생 또는 아들, 딸들이 나의 사업장에서 일을 한다고 가정해 보자. 그래도 현장의 불안전 요소를 지금처럼 관리할 것인가? 당장 단기적인 성과를 내기 위한 원가의 관점에 매달려서는 위험에 노출된 구성원을 안전하게 보호할 수가 없다. 나의 사랑하는 가족들이 사고의 대상이 될 수 있다는 얘기다.

따라서 공장 경영자는 리스크 관리를 위해 반드시 안전경영 시스템을 구축하고, 지속적인 관심과 안전제일의 조직문화를 만들어야 할 책임이 있음을 잊지 말아야 한다. 안전경영은 아주 중요한 3요소가 있어야 비로소 완성이 된다.

**첫째, Top의 안전에 대한 확고한 의지와 방침이다.**
경영자의 안전에 대한 확고한 의지가 있어야 조직 내에서 안전제일의 마인드셋이 만들어 질 수 있다.

**둘째, 안전 전문 조직 구축과 자원의 할당이다.**
안전경영을 실행할 조직이 있어야 한다.
아무리 경영자의 의지가 확고해도 그것을 실행하지 않으면 그저 말뿐인 안전이 되고 만다.
그 의지를 실행할 전문 조직을 반드시 두어야 한다.

**셋째, 지속 실행 가능한 안전경영 시스템이다.**
조직을 만들었다면 그들이 지속적으로 사고예방을 위한 전략과 개선 과제를 만들고 실행하기 위해서는 일관성 있고 지속 실행 가능한 시스템이 있어야 한다.

이 책에서는 세 번째 요소인 지속 실행 가능한 시스템, 즉 '안전경영시스템(Risk management)' 구축에 대해 많은 부분을 할애하고자 한다. 또 안전경영 핵심 3요소에 대하여는 4장에서 더 자세히 다룰 예정이다.

하성재 '굿서번트리더십센터' 소장은 "소통의 핵심은 공감에 있다"고 말한다. 공감이란 상대방 입장을 이해하고 동조하며 교감을 이루어 반응하는 심리적인 유동성으로 정의한다. 게리 스몰리는 '관계 DNA'라는 용어를 사용하면서 "조직에서 소통은 호흡과도 같다"고 주장한다.

한마디로 소통은 타인과 같이 호흡하면서 공감하는 데 있다. 내 이야기를 일방적으로 전달하는 것이 아니라, 귀를 열고 상대방의 말을 들어주는 것이다. 같은 배를 타고 흔들리듯 함께 파도를 헤치며 항해하는 것이다. 멀미가 나면 서로 등을 두드려주다가 새벽에 떠오르는 찬란한 태양을 함께 보는 것이다. 그 사이에 언어는 사실 불필요하다. 서로를 존중하는 호흡만이 존재할 뿐이다.

결국, 안전경영은 진정성을 바탕으로 현장의 구성원과 소통을 통해 현장의 불합리, 불안전 요소를 찾아내고, 그에 대한 재발방지대책을 꾸준히 세워가는 일련의 활동이 되어야 한다.

> **Tip  안전경영의 핵심 3요소**
>
> 1. Top의 안전에 대한 확고한 의지와 방침
> 2. 안전 전문조직의 구축과 자원의 할당
> 3. 지속 실행 가능한 안전경영 시스템

## 5. 예지보전 능력을 강화하라

우리는 '품질·원가·납기의 QCD 경쟁력'을 확보하기 위해서 4M(Machine, Man, Material, Method)을 관리하고 있다. 이중 Machine에 해당하는 설비 고장과 관련된 관리역량을 어떻게 높여갈까 하는 측면에서 '예지보전'을 생각하게 되었다.

### 1단계) 보전의 외주화

공무보전원이 제법 많은데도 불구하고 설비의 고장원인을 찾아 근본적인 재발대책을 세우는 문제해결 역량이 부족해서 동일한 설비의 고장이 반복되고 있는 현실이다. 그 이유를 살펴보니 공무보전 인력들이 해야 할 업무가 너무 많아서 설비 고장 시 그 근본원인을 끝까지 밝혀서 설비의 구조적인 문제를 해결할 시간도 역량도 부족하다는 걸 알았다.

더 큰 문제는 설비정지로 인한 원가상승보다 이런 설비고장이 일어날 때 품질의 산포가 커지고, 작업자의 불안전한 행동을 유발하여 안전사고 발생 확률이 급격히 올라 간다는 사실이다. 그래서 우선적으로 반복적이고 단순한 기능을 요구하는 소모품 교체나 유지보수공사 등의 Work order성 업무를 외주화 했다. 외주화를 통해 생겨난 시간을 예지보전 업무를 강화하는데 활용하면서 보전원들의 설비에 대한 구조를 이해하고, 고장의 원인을 찾아 재발방지대책을 실행하는 문제해결 역량을 키우고 있다. 이것이 보전업무 외주화의 본질이다.

## 2단계) 예지보전의 강화

일단 외주화를 통해 업무의 30% 이상을 줄이고 그 시간을 예지보전에 할애하여 고장의 사전감지 및 예방, 그리고 설비고장의 참 원인을 찾아 개선하는 개량보전까지 수행하면서 보전원의 설비관리 역량을 획기적으로 향상시킬 수 있다.

1단계의 보전 외주화는 예지보전으로 가기 위한 첫 번째 수순인 셈이다. 따라서 외주화를 단순히 코스트를 줄이려는 게 아니라, 단순기능의 반복적인 일을 전문 외주업체에 주고 보전원들은 더 수준 높은 예지보전의 일을 하자는 것이다.

CBM(Condition Based Maintenance)이나 TBM(Time Based Maintenance)으로 설비고장을 사전에 예측하고, 사전보전활동을 통해서 고장을 예방하거나 고장을 깊숙하게 분석해서 그 원인을 찾아내는 것이 바로 예지보전의 목적이다. 다시는 동일 고장이 반복되지 않도록 설비의 구조를 개량하는 개량보전(Corrective Maintenance)으로 업무를 집중하면, 설비에 대한 이해와 개선 역량을 빠르게 향상시키는 것이 가능하다.

궁극적으로는 고장 건수가 획기적으로 줄고, MTBF가 늘어나게 된다. 이 과정에서 보전원의 역량이 올라가고, 보전역량이 훌륭한 엔지니어를 많이 확보해서 글로벌 공장건설이나 유지보수 설비전문가로 파견할 인력 풀(Pool)을 확보하게 된다. 이런 보전 외주화 및 예지보전 체계를 잘 갖추어서 공장 내 설비의 고장이 줄고, 개량보전을 해서 동일 고장이 나지 않도록 하는 사례가 많이 나오면 예지보전 활동은 성공이라 판단한다.

## 3단계) 예지보전의 성과

예지보전의 활동을 통해서 고장 건수가 줄게 되면 로스를 개선하게 된다. 고장 건수가 많다는 것은 그만큼 이상점이 많이 발생된다는 것을 의미하는데, 공장에는 작은 순간정지나 이상점이 무지무지하게 많다. 그 많은 이상점은 품질의 산포를 일으키는 주요 원인이다.

공장의 설비가 안정적일 때는 생산되는 제품의 품질도 안정적이지만, 반대로 고장이나 이상점이 발생되면 그 이상점 전후 품질은 산포를 유발하게 되어 설비성능의 저하나 고장은 품질에 아주 악영향을 주게 된다.

안전의 관점에서도 설비가 정상적으로 작동할 때는 작업자가 설비에 손을 대거나 갑작스럽게 불안전한 행동을 할 필요가 없다. 예상치 못한 순간정지나 고장이 일어나게 되면 거기에 대처하기 위한 급한 마음에 무의식적으로 설비 쪽에 신체를 접촉하게 되고, 설비를 급하게 정상화하려고 서두르다가 안전사고로 연결된다.

끼임사고 중에 설비의 이상이나 성능저하로 점검 또는 조치하다가 발생하는 사고가 90% 이상을 차지한다. 결국 설비고장은 원가에 미치는 영향보다 안전이나 품질에 미치는 영향이 훨씬 크다는 결론이다. 보전 외주화 및 예지보전 활동은 전문적인 설비보전 인력을 양성하여 안전사고와 품질사고를 획기적으로 줄이는 데 그 목적이 더 크다.

## 4단계) 설비관리의 전략적 선택
(MTTR, Mean Time To Repair / MTBF, Mean Time Between Failure)

택시를 운전하는 데 하루에 타이어펑크가 10번 난다고 가정해보자. 타이어펑크 수리에 1시간이 걸린다면, 하루에 10시간의 손실이 발생된다. 만약 1시간에 3만원을 번 다면 하루에 30만 원의 수입이 줄게 된다.

이 손실을 줄이기 위해 택시기사가 선택한 방법은 현장에서 빠르게 타이어를 교환하는 기능을 익히는 것이다. 30분에 타이어를 교환하게 되면 10시간 손실이 5시간으로 줄고, 손해는 30만원에서 15만원 줄게 된다. 이것이 MTTR에 집중하는 전략이다. 반면, 타이어가 펑크가 나면 시간이 더 걸리더라도 전문가를 통해 타이어 펑크의 원인을 찾아 개선하여 10번의 사고를 5번으로 줄였다면, 똑 같이 5시간 손실에 15만원 손해를 보게 된다. 이것이 MTBF에 집중하는 전략이다.

그렇다면, 상기 두 전략의 차이는 무엇일까? 손실은 두 전략 모두 절반 개선이 된다. 따라서 시간적인 손해는 두 사례가 모두 같지만, 안전의 관점에서 보면 아주 큰 차이가 생긴다.
타이어 펑크는 당시 운전상황에 따라 대형사고가 날 확률이 있다. MTTR에 집중하면 고장의 건수는 줄지 않아 위험도는 개선이 안되지만, MTBF에 집중하면 고장의 건수는 반으로 줄어 안전사고의 확률도 반으로 줄게 된다.

이처럼 공장에서 설비보전 전략을 MTBF를 개선하는 방향으로 집중해야 안전도 품질도 획기적으로 개선이 가능하다. MTBF 관점으로 집중해서 고장 원인을 찾아서 그 중 50%를 줄이면, 안전사고나 품질사고의 산포도 50% 줄어들게 된다. 이처럼 고장의 횟수를 줄이려면, 고장의 원인을 철저하게 분석할 시간과 전문지식이 필요하다. 그러기 위해서는 예지보전, 개량보전이 가능한 우수 인력을 확보하기 위한 단순작업의 외주화가 필요하다.

## 5단계) 노터치(No Touch) 솔루션

설비와 관련된 안전사고 중 끼임사고를 근절하기 위해 실시한 활동 중 가장 유효하였던 것은 '노터치'(No Touch) 활동이었다. 이것은 설비가 가동 중 일 때는 절대 신체의 접촉을 금지하고, 설비를 가동중지 시에만 접근하도록 했다. 그러나 이런 간단한 활동도 제대로 지켜지는 데는 많은 시간과 개선이 요구되었다.

가동중인 설비에 신체를 접촉하는 사례를 보면, 아래와 같이 크게 세가지 유형으로 나뉘어진다.

① 갑작스런 불량발생 시 급한 마음에 무의식적으로 가동 중 설비에 손을 접촉하는 경우 →교육의 부족(안전교육)
② 작업의 표준자체가 가동중인 설비를 대상으로 작업이 이루어지는 경우
　→불안전한 작업(작업방법의 개선요구)
③ 설비에 접근금지 표시나 인터록이 되어 있으나 해제하고 작업하는 경우
　→안전의식의 부족(마인드셋)

각 유형별로 사례를 발굴하여 개선대책을 세워나가는 활동을 통해 '가동 중 설비에는 절대 신체를 접촉하지 않는다'는 엄격한 안전문화를 만들어 끼임사고를 원천적으로 차단하는 활동이다. 그런데 이런 활동을 지속하는 중에도 사고가 발생하는 이유는 안전에 대한 강한 의지와 철학이 조직문화로 뿌리내리지 못한 것으로 볼 수 있다.

당장의 생산손실이나 원가에 대한 부담 때문에 정해진 원칙을 제대로 준수하지 않거나, 미처 제대로 교육도 되지 않은 작업자의 투입으로 무의식적인 반응으로 사고를 당하는 사례가 많다. 작업표준이 불안전한 경우는 기술적인 대책이나 투자가 수반되므로, 해결안이 나올 때까지는 치공구를 사용하게 하여 사고를 막아야 한다.

노터치활동은 작업자가 주관이 되어 현장혁신의 테마로 개선을 진행하면 긍정적인 결과를 만들어 낼 수 있다. 현장의 불안전한 작업을 제일 잘 알고 그것을 문제로 인식하여 개선 활동을 진행하면 안전에 대한 의식이 자동적으로 향상되기 때문이다.

현장혁신은 대부분 원가절감활동으로 구성되는데 이런 구조를 완전히 바꾸어야 한다. 안전테마 중심으로 활동하고 그 개선성과를 칭찬함으로써 현장 사원들의 안전의식의 변화와 안전개선에 대한 동기부여가 동시에 이루어지는 효과가 있다.

결국 안전에 대한 개선활동은 작업자 자신들이 그 수혜자이므로 활동의 성과에 대해서 큰 보람을 느끼고, 활동과정에 형성되는 안전제일의 조직문화는 오히려 더 큰 성과가 된다. 이 활동의 구체적 방법과 사례는 6장의 '현장을 개혁하라'를 통해 상세히 소개하고자 한다.

# Part 2

## 내가 사랑하는 사람들

# 1. 나의 가난한 아버지

## 그늘의 무게

내 고향은 충북 충주다. 부친께서는 중학교 졸업이 학력의 전부로 충주비료공장에서 배관공으로 일하셨다. 가끔 막걸리를 한잔 드신 아버지는 "너, 공부 열심히 해야 한다"는 말을 자주 하시곤 했다. 그날은 아버지가 대졸사원들에게 무시를 당하던 날이었다는 것을 나중에야 알았다.

내가 삼성에 입사한 후 아버지가 말한 '대졸 사원'이 되어 5년 동안 금형설계를 했다. 생산을 잘 알아야 하는 파트였는데, 나름 적응을 잘 했다. 현장에 가기 전에 아버지께 인사를 드리러 갔다.

"아버지, 저 현장에 가게 됐습니다."
"아들아, 너 옛날에 내가 한 얘기 기억하냐."
"............"
내가 무슨 말인지 몰라 잠시 뜸을 들이자 아버지는 이렇게 말씀하셨다.
"현장 사람들에게 잘 해줘라…"

평소에 과묵하신 아버지는 이 한마디 말을 하시고는 등을 돌려 잠시 벽을 바라보셨다. 고단한 삶에 왜소해진 아버지의 어깨를 보면서 가슴 속에서 뭔가 뜨거운 것이 올라왔다.

어쩌면 이때 아버지의 부탁에 가까운 당부는 나의 인생의 지표가 되었다. 직장생활을 시작한 후로 그 말을 기억하며 현장직원들에게 잘 해주려고 노력했다. 교대조로 일하는 사람들에게 마음으로 챙겨주고 도와주고자 했다.

대부분 현장 관리자는 지시만 내리는 것을 자신의 역할로 알고 있던 시절이다. 하지만 나는 같이 힘든 일도 하고, 그들의 입장에서 늘 함께 생각하려고 노력했다. 그러다 보니 점차 현장에서 인정을 받게 되었다. 생산 전문가로 성장할 수 있었던 것은 그들을 진실한 마음으로 대했기 때문이다.

현장 직원들에게 내가 항상 하는 말이 있다. "가방 끈 짧은 것을 숙명으로 알지 말라"는 것이다. 아버지는 공장에서 관리자에게 마음 상한 일을 당하고 막걸리로 달래곤 했다. 나중에 내가 커서 그것을 이해할 수는 있었지만, 한편으론 아쉬운 점도 있었다.

베데스다 라는 못 주위에서 38년 동안 누워있는 병자를 보고 예수께서 말씀하셨다.

"네가 낫기를 바라느냐."
"주님, 물이 움직일 때에 저를 못에 넣어 줄 사람이 없습니다. 제가 가는 동안에 다른 이들이 저보다 먼저 내려가곤 합니다."
"일어나 네 자리를 들고 걸어가라."

그 병자는 곧 나아서 자기 자리를 들고 걸어갔다는 요한복음의 말씀을 떠올려 본다. 불합리한 현실이 있으면 한탄만 하지 말고 거기서 벗어나기 위해 노력을 하라는 것이다. 이미 답은 자기 자신에게 있고, 그것을 발견하면 이루어지는 일이 세상에는 많다.

현장 직원들에게 늘 깨어서 공부하라고 강조했다. 하루 8시간 작업을 대충 마치고 쓴 소주로 속만 달래서는 발전이 없기 때문이다. 현장 출신 공장장을 만들려고 무진장 노력한 결과, 지금은 50% 이상이 됐다. 무에서 어떤 가능성을 만든 것이다.

특히 현장 사원에서 임원으로 승진한 K 공장장사례는 많은 현장 직원들의 희망으로 자리잡았다. 이런 것들이 내가 공장경영을 하면서 10년 동안 실제 벌어진 일이다. 사실 현장 직원을 키우는 것이 쉽지가않다. 그럼에도 포기하지 않고 시도를 계속한 것은 '아버지의 그늘' 때문이었다.

그늘은 삶의 휴식이 될 수도 있지만, 깊어지면 이끼가 끼고 썩게 마련이다. 취중에 한탄을 하는 대신 자신의 잠재력을 키워주고 싶었다. 그렇게 그늘 속에서 자라난 자원을 어떻게 하든 양지에서 쓰려고 애를 썼다. 시간제로 일해서 임금만 받는 그런 사람이 아니라, 그들에게 성공하는 삶을 선물해주고 싶었다.

## 민들레 씨앗 같은 진심

아버지는 중피종으로 2009년에 돌아가셨다. 당시에는 몰랐는데 충주 비료공장 배관의 보온재가 석면이었다. 악성 중피종은 흉부 외벽에 붙어있는 흉막이나 복부를 둘러싼 복막, 심장을 싸고 있는 심막 표면을 덮는 중피에 발생하는 악성 종양이다. 대부분 석면가루가 흉막에 쌓여 발병하는 종양으로 잠복기가 30년에 이른다고 한다.

배관공이던 아버지는 석면으로 덮인 건물을 파헤치고 들어가서 작업을 했다. 내가 삼성코닝 생산과장으로 근무 시에도 석면의 위험성에 대해 잘 몰랐다. 뜨거운 유리를 잡을 때 석면장갑을 끼곤 했는데, 일이 끝나면 아무 생각 없이 탁탁 털었다. 아마 내 몸에도 석면이 쌓여있을 것이다.

아무튼 아버지는 정년 퇴직 후 가슴이 따끔거린다고 고통을 호소했다. 병원에서 CT를 찍었는데 중피종이라는 소견이 나왔다. 우리나라에서는 치료방법이 없었고, 산재처리도 안 되던 시절이었다. 산재신청을 하기로 마음 먹고 의사에게서 소견서를 받았는데, 아버지가 근무한 재직증명이 없었다.

월급을 받은 기록이라도 있어야 하는데, 이미 폐업한 충주비료공장의 자료를 보관하는 정부기관에서도 5년이 지나면 관련 자료를 다 폐기했다고 한다. 눈 앞이 캄캄했다. 내 학창시절 생활기록부까지 다 뒤졌는데 회사원이라고만 기록되어 있었다. 결국 아버지 회사의 공무과장과 전기과장이었던 친구 아버지를 찾아가 구술로 기록을 받았다.

그분들도 그 당시 당신도 근무하면서 석면의 위험성을 걱정했다고 고백했다. 심지어 석면으로 이불을 만들어서 덮었다고 했다. 바닥에 깔면 쥐가 안 다녔다고 하니 그 독성이 어느 정도였는지 상상이 가지 않는다.

이런 기록자료들을 첨부해서 제출해 마침내 산재판정을 받았다. 대전법

원에서 관련 전문가 8명이 참여해 심사해서 가능한 일이었다. 그 이후 석면으로 인한 중피종 등이 산업재해로 법제화가 되었다. 거기서 끝나지 않고 안산에 위치한 신동방 공장의 석면을 없앴다. CJ 제일제당에 와서도 공장에서 석면을 모두 없앴다.

아버지의 좌절과 고통을 보면서 나는 산업안전을 지키고, 재해를 막겠다는 어떤 신념이 생기게 되었다. 아버지로 인해 타인에 대한 연민의 마음을 가지게 되었고, 나를 성장시키는 계기가 되었다. 그것을 내 주위의 사람과 함께 나누면서 살기로 다짐했다.

지금도 힘이 들 때면 "현장사람들에게 잘 해줘라" 라는 아버지의 말씀을 떠올린다. 그 말에는 좌절과 고통을 뛰어넘어 타인에게 '선'(善)을 베풀라는 아버지의 진심이 담겨 있다. 나는 아버지의 이 진심을 민들레 씨앗처럼 주변에 두루두루 뿌리고자 다짐을 했다.

민들레처럼 하얗고 노란 선한 영향력이 널리 퍼져나가길 이 시간에도 기원한다.

## 2. 행복을 맞추는 양복점

몇 해 전 내가 근무하는 본사 근처에 양복점 하나가 생겼다. 점심을 먹으러 가는 식당가 길목에 자리잡은 양복점에는 팔순에 가까운 노인이 자리를 지키고 있었다. '요즘 세상에 맞춤양복이라니' '누가 살까' 하는 호기심과 걱정에 어느새 내 발길은 가게로 들어가고 있었다.

키가 작은 노인은 나를 반가이 맞아줬다. 가게에는 양복 상의와 바지, 와이셔츠 등이 정갈하게 걸려 있었다. 커피를 마시면서 들은 얘기를 종합하면 노인은 한때 명동에서 잘 나가는 재단사였다. 그러다 기성복 바람이 불면서 자리를 옮기다가 결국 이곳까지 떠밀려 온 것이었다.

노인은 개업을 한 후 거의 매출이 없이 지냈다고 한다. 거기다 만만치 않은 월세에 많이 힘들어 했다. 노인을 보면서 불현듯 아버지가 떠올라 그날 콤비와 바지, 와이셔츠 몇 벌을 맞췄다. 그러면서 "할아버지, 젊은 사람들이 입을 수 있는 것들도 좀 갖춰놓으세요" 라고 말한 뒤 가게를 나섰다.

한번은 바지 값이 얼마냐고 물어보니 14만원이라고 하기에 "그냥 15만원 받으세요" 했다. 노인은 미안한 마음에 제 값을 받기가 미안했던 모양이다. 이렇게 '선한 밀당'을 하는 것이 나는 좋다. 아버지뻘 어르신을 통해 아버지에게 제대로 효도하지 못했던 마음을 보상받게 된다. 돈을 쓰러 가면서도 기분이 좋으니 내게는 이 가게가 '행복을 맞추는 양복점'이다.

퇴근 후에는 1만 원짜리 지폐를 새 돈으로 바꾸는 버릇이 생겼다. 단골 식당 주방에 들러서 아주머니들에게 주곤 한다. 이제는 습관이 되어서 지갑에 만 원짜리 신권이 없으면 불안하다. 진정한 만원의 행복은 내 입이 아닌 타인의 손에 넣어주는 것이라고 생각한다.

그것은 단순히 팁 만원을 주는 것이 아니라 교감이다. 하루 종일 찜통 같은 주방에서 허리가 끊어지도록 일을 하는 아주머니에게 그 만원이 위로

가 되었으면 하는 마음이다. 사람과의 관계에서 행복을 만들어 주는 것만큼 좋은 일이 있을까 싶다. 자신의 일을 열심히 하는 분에게 도움이 되는 것이 바로 ESG 경영의 출발점이다.

양복점 할아버지, 식당 아주머니에게 작은 선의를 베풀면서 위안이 되는 것은 바로 나 자신이다. 자식을 위해 자신의 욕망을 억누르셨던 아버지와 어머니가 생각나기 때문이다. 아버지가 막걸리를 즐겨 마셨던 것도 맥주가 비싸서 못 사 마신 것이다. 막걸리 주전자를 잡던 아버지의 거친 손바닥이 떠오를 때면 나도 모르게 눈시울이 핑 돌곤 한다. 비료공장 교대조로 일하면서 자식 네 명을 키우기가 참 버거웠을 것이다.

우리 가족은 13평 사택에서 내가 대학을 다닐 때까지 옹기종기 모여 살았다. 아버지는 은퇴 후 평촌 어느 아파트에서 소일거리로 경비원을 했었다. 주말에 아버지를 찾아가 걸어놓은 외투에 만 원짜리 지폐를 넣어드리곤 했다. 그런 아들을 아버지는 참으로 자랑스러워하셨다.

내가 그때 아버지 나이가 되고 보니 아버지의 펑퍼짐한 외투가 그립다. 자꾸만 내 지갑에서 돈을 꺼내서 아버지 품에 넣어드리고 싶은 것이다. 그래서 회사 옆 양복점에 자꾸 가게 되는가 보다.

## 3. 진정성이 오는 순간

大曰逝(대왈서) 크다고 하는 것은 끝없이 뻗어 간다는 것이고
逝曰遠(서왈원) 끝없이 뻗어 간다는 것은 멀리 나가는 것이며

遠日反(원왈반) 멀리멀리 간다는 것은 결국 되돌아오는 것이다.
노자의 <도덕경> 25장에 나오는 말이다. 도(道)에 대해 설명한 부분인데, 진정성과도 밀접하게 연관되어 있다. 여기에 나오는 대(大)를 진정성(眞心)으로 바꿔도 무리가 없을 듯하다.

사람의 진심은 굳이 설명을 하지 않아도 멀리 뻗어가고
이 진심은 먼 곳에 있는 사람에게까지 두루두루 미치며
멀리 확산된 진심은 결국 진정성으로 되돌아오게 된다.

기업이나 공장을 경영하는 리더는 항상 안전을 마음 속에 품고 있어야 한다. 구성원과 제품은 물론 소비자의 안전까지 모두 책임을 져야 하는 아주 중요한 자리다. 그러므로 형식적으로 안전을 다루어서는 안되고, 반드시 진정성을 가지고 접근해야 한다.

지금까지 36년 동안 직장에 몸을 담고 있으면서 나의 좌우명은 경쟁보다는 공존이었다. 상대방을 죽여야 내가 사는 전쟁 같은 경쟁 대신 공생의 길을 찾고자 노력했다. 누군가 싸움을 걸어오면 맞서기보다 일부러 피했다.

단순히 피한 것이 아니라 길게 보고 타 조직과 부서와의 협업을 추구했다. 당장 손해를 보더라도 내 힘을 모으는 일을 했다. 그 힘은 다름 아닌 '일이 되게끔 하기 위한 소통'이었다. 예를 들어 타 부서의 업무협조가 필요할 때 공문 대신 바로 구두를 통해 처리했다. 그렇게 하니까 내가 일하는 방식과 진정성을 알고 일 처리가 빨라졌다.

삼성 부장시절 일하는 범위가 넓어지면서 책임감이 커졌다. 해외 주재원을 하다가 3년 만에 귀국을 하니 램프 제조의 R&D, 품질에 승부수를 띄우려는 회사의 방침이 내려왔다. 정말 온 몸을 다해 제품승인에 혼신을 다했다. 일의 진척이 더뎌지자 삼성전자 후배들에게 무릎을 꿇고 승인 절차에 속도를 내달라고 요청을 했고, 결국 개발 제품의 승인을 받아냈다.

하지만 이런 노력에도 불구하고 사업이 부진해 회사가 문을 닫게 되었다. 우리가 미래를 위해 준비한 자회사에게 흡수합병이 되어 임원들이 그만 두게 되었을 때, 당시 사장과 면담을 했다. 그 자리에서 나는 "선수(전문가)들을 놓고 나가는 것이 너무 억울하다"고 토로했다. 사람을 키우고 성장시키는 것이 나의 가장 큰 자산인데 그것을 잃게 되니 정말 억울하고 분했다.

또 삼성 근무시절 현장의 문제직원관리 리스트가 있었는데, 나는 관리일지를 안 썼다. 그랬더니 그룹 감사실에서 "뭐 이런 사람이 다 있나" 하며 나를 찾아왔다. 씩씩거리는 감사실 직원에게 "우리 직원 150명 중 5명을 무작위로 고르시오"라고 말했다. 5명을 지목하자 나는 그들의 프로필, 근무태도, 실적 등을 술술 얘기했다. 그랬더니 감사실 직원은 "노사관리는 이렇게 해야 한다"고 말하고 자리를 떠났다.

나에게는 소위 '문제사원'이 없다. 동료들끼리 감시하는 모니터 요원도 없다. 다 똑 같은 직원으로 대했다. 그래서 점차 구성원들의 신임을 받게 되었다. 상황이 이렇게 되니 노사분규가 생길 상황에도 그냥 넘어갔다. 그때는 내가 함께 가자고 하면 직원들이 낭떠러지라도 갈 것 같은 자신감이 있었다.

어떤 임무를 받았을 때 하나도 두려워하는 빛이 없었고, 되레 성과를 이뤄내며 더욱 단단해졌다. 이런 연유로 1997년 '자랑스런 삼성인상'을 받게 되었다. 리더가 목표에 대한 책임감과 직원에 대한 애정이 있으면 안 되는 일이 없다는 것을 진심으로 깨달았다.

흔히 말하는 일하기 좋은 기업(GWP)은 신뢰(Trust), 자부심(Pride), 즐거움(Fun)으로 구성된다. 상대를 믿으면 자신의 일에 자부심을 갖게 되고, 직장에서 일하는 것이 즐겁기만 하다. 실제로 구성원들의 신뢰를 얻게 되면 백 명의 인원으로 천 명 이상의 힘을 발휘한다.

이렇게 구성원이 잘하면 리더는 천군만마를 얻은 듯 힘이 생긴다. 힘든 직원들을 진심으로 위로해주고, 더 잘 할 수 있게 용기를 북돋워주었다. 그러다 보니 내 주위에 나를 따르는 직원들이 하나 둘 몰려들었다.

지방사업장으로 발령을 받았을 때, 회사에서 직원들에 대해 무리하게 감사를 하려고 하기에 내가 나서서 막았다. 현장 직원들을 보호해 주고 싶었다. 내가 그렇게 방어를 해주니 되레 직원들이 내 걱정을 하면서 "공장장님, 그냥 가만히 계세요"라고 말할 정도였다. 아무 책임이 없는 신임 공장장이 나서서 자신들을 변호를 해주니 다 내 편이 되었다.

진정성으로 직원들을 지켜주려는 마음이 통한 것이다. 이윤을 추구하는 기업이지만 모든 것을 삐딱한 시각으로 보면 서로 힘들어진다. 일의 능률도 오히려 저하된다. 한번 맺은 소중한 인연으로 생각하면 현장의 직원들 모두 나를 돕는 고마운 존재들로 다가온다.

그때까지 공장의 리더는 기다리고 인내할 줄 알아야 한다. 모함과 불신의 시간은 짧다. 그 시기만 잘 버티면 '나의 시간'이 오리라는 것을 나는 알고 있었다. 앞서 얘기한 '진정성의 시간'이 나에게 찾아오는 순간이다. 그 희열을 느껴본 사람이라면 현장직원들을 사랑하지 않을 수 없다.

## 4. 안전경영의 전환점 '2014'

"나는 하나의 절실한 소원을 가지고 있다. 그것은 내가 이 세상에 태어난 까닭에 조금이라도 세상이 좋게 되어가는 것을 볼 때까지 살고 싶다는 것이다." -에이브럼 링컨

나 역시 대학을 졸업하고 직장에 들어가면서부터 한가지 절실한 소원이 있었다. 그것은 어떻게든 내가 일하는 일터를 안전하고 즐거운 곳으로 만들고 싶었다. 직장문화를 즐겁게 만들려면 서로 간에 불신을 걷어내는 것이 급선무다.

서로를 믿지 못하는 데 어떻게 웃음꽃이 피겠는가. 상대방을 경쟁상대로만 본다면 남의 불행이 나의 행복이라는 논리를 당연하게 받아들인다. 그런 곳에서는 어떤 위험을 감지하더라도 그냥 지나치는 경우가 많다. 마치 폭탄 돌리기를 하듯 나만 아니면 누군가 사고를 나도 괜찮다는 '미필적 고의'를 껴안고 산다.

내가 2011년 말에 공장장으로 부임해서 제일 먼저 눈에 띈 것이 여기저기 아무렇게나 쌓여있는 자재와 사람 사이를 씽씽 지나가는 지게차, 그

리고 직원들의 단정치 못한 옷차림이었다. 또 공장 바닥에 나뒹구는 쓰레기를 공장내 미화원분들이 하는일이라고 생각하는지 아무도 치우지 않는다는 것이었다.

그때 '이거부터 빨리 고쳐야겠구나' 하는 생각이 들었다. 그렇다고 누군가를 시켜서 하게 되면 그게 일이 되어서 되레 역효과가 난다. 직접 공장을 돌면서 바닥에 떨어져 있는 스티커나 비닐뭉치들을 줍는 일부터 시작했다.

공장의 실질적인 변화는 커다란 구호보다 이런 작은 실천에서부터 출발한다. 리더가 먼저 허리를 굽히고 몸을 움직이면 직원들은 마음 속으로 따라오게 되어있다. 그래서 나는 습관화된 3정 5S을 매우 중요하게 여긴다. 주변이 불결하고 정리정돈이 되지 않는데 일이 얼마나 재미가 있겠는가.

이렇게 3개월간 꾸준히 하다 보니 변화의 조짐이 보였다. 식당 가는 길에 양 옆으로 쌓여있던 자재, 도로에 빼곡히 주차되어 있던 자동차가 어느새 모습을 감추었다. 하루 종일 모여드는 폐기물로 아수라장이었던 처리장 주변은 단정하게 정리되었고, 늘어진 화물차와 위험한 지게차도 시야에서 사라졌다.

마치 영화의 장면이 바뀌듯 개선 전후의 페이드인(fade in)과 페이드아웃(fade out) 차이가 확연했다. 주변 환경이 바뀌니 직원들의 마음가짐에도 변화가 생겼다. 손님을 안내하는 정문에는 항상 친절하게 방문객을 맞이하고, 보안실은 절도 있는 엄정함에 긴장감이 느껴질 정도였다.

이런 작지만 큰 성과는 누가 시킨다고 해서 되는 일이 아니다. 위에서 언급한 '진실한 소원'이 있었기에 가능한 일이었다. 또 공장의 변화와 개선은 작은 걸음에서부터 시작된다. 미국 남부를 강타하는 허리케인이 베이징의 작은 나비의 날갯짓에서 시작되듯 말이다.

그런 의미에서 나에게 2014년은 아주 의미가 있는 해이다. 그 해 1월에 인천냉동 화재, 4월에 세월호 사고, 5월에 고양터미널 화재를 겪으면서 6월에 그룹 안전경영실장을 맡게 되었다. 내가 부산에서 개선여행이라는 타이틀로 공장환경 변화를 이끌어냈지만 사실 안전경영의 전문가는 아니었다.

어쩌면 문외한이었는지도 모른다. 그래서 뒤에 차차 얘기하겠지만 2014년 12월 산업안전기사 1급 자격증도 따고, 안전경영 5단계 시스템을 마련해 2015년부터 그룹에 적용했다. 그 사이 2012년 부산에서 열심히 씨앗을 뿌린 개선여행이 우여곡절을 걷다가 2014년부터 자발적인 형태로 확산되기 시작했다.

준비가 덜 된 상태에서 여러 위험부담에도 불구하고 내가 그룹 안전경영실을 맡아 안전경영의 초석을 다지게 된 것은 '진실한 마음'이 있었기 때문이다. 그것이 없이 기계적으로 업무를 맡았다면 나 역시 기계의 소모품처럼 버려졌을 지도 모른다.

CJ WAY의 체질화를 위해 갖추어야 할 조직 마인드로 '강유문화'를 꼽는다. 강유문화란 구성원 서로의 의견을 자유롭게 토론하여 업무목표나 전략을 설정해가고, 일단 결정된 방향과 목표는 반드시 달성해내는 강력한 팀웍을 갖추는 것이다. 한마디로 소통이 되면 추진력을 얻는다는 얘기다.

어떤 일을 할 때 우리는 욕심이 앞서서 일을 그르치는 경우가 많다. 모든 일이 작심삼일로 끝나는 이유가 자신을 들여다 보지 않고 목표를 크게 설정해서다. 작은 일부터 시작해 성공을 맛봐야 다음 단계로 진입할 수가 있다. 성공으로 인한 성취감이 뇌에서 도파민을 분비하게 되고, 더 높은 계단을 오르는 강한 에너지를 주기 때문이다.

조엘 오스틴은 <긍정의 힘>에서 '두 걸음 디딤'의 의미에 대해 이야기 한다. 미식축구 경기에 나간 제시 아저씨의 아들 제프가 상대편 수비수에 깔려 한 발짝도 나아가지 못하자, 옆에 있는 친구가 안쓰러운 마음에 위로의 뜻으로 제프 아저씨의 어깨를 툭 쳤다. 그때 제프가 발을 딛고 일어서는 모습을 보며 제시는 함박웃음을 지으며 이렇게 얘기한다.

"여보게, 제프가 두 걸음 디딘 것을 봤나?"

그렇다. 공장경영자는 직원들이 내딛는 두 걸음을 봐야 한다. 당장 성과가 나지 않더라도 참고 기다리는 인내심과 믿음이 필요하다. 신뢰가 쌓이면 공장 변화의 엄청난 소용돌이를 맛보게 될 것이다. 그것은 허리케인보다 더 강력한 토네이도로 우리에게 돌아올 것이다.

진정성이란 작은 나비의 날개 짓이 공장의 낭비와 비효율, 갈등, 스트레스, 좌절, 피로를 날려버리고, 성과와 보람으로 가득찬 진정한 GWP(일하기 좋은 기업)를 만들게 된다.

# Part 3

## 일하기 좋은 기업(GWP) 만들기

> "당신이 정말로 사랑하는 일을 하십시오.
> 아침에 저절로 눈이 떠질 것입니다."
>
> －워런 버핏

'일하기 좋은 기업'을 의미하는 GWP(Great Work Place)는 대체 어떤 것을 말하는 것일까. 이는 말 그대로 '직원들이' 일하기 좋은 기업을 의미한다. 그런데 '일하기 좋은' 이라는 것은 상대적이어서 개인의 가치관과 취향에 따라 다를 수도 있다.

누구는 연봉을 많이 주면 좋은 직장일 수도 있고, 누구는 조직문화가 부드러우면 좋은 기업일 수도 있다. 또 어떤 사람은 정시퇴근, 자기계발 지원을 해주는 회사가 좋을 수도 있고, 요즘 젊은 세대들에게는 회식이 없는 곳이 좋은 기업일 수도 있다.

흔히 좋은 기업의 3요소로 신뢰(Trust), 자부심(Pride), 즐거움(Fun)을 말한다. 직원들이 회사를 믿을 수 있어야 하고, 자신의 일에 대해 만족감을 느껴야 하며, 즐겁게 직장생활을 할 수 있어야 한다. 특히 제조업에서는 이 3가지 요소가 좋은 기업을 만드는 필수적인 사항이다.

왜냐하면 육체노동을 하는 현장에서 신뢰와 자부심, 즐거움이 없으면 정말 하루하루가 지옥 같기 때문이다. 안전이 뒷전인 채 실적만을 강요하면서, 혹시 사고라도 나면 당사자 책임으로 떠넘기는 곳에서 어떤 삶의 즐거움을 느낄 수 있겠는가.

하물며 그것이 사람의 목숨이 왔다 갔다 할 일이라면 더욱 그렇다. 그래서 이번 장에서는 GWP를 만들기 위해서는 어떻게 해야 하는지 위 3요소를 하나씩 짚어보고, 이것의 결정체인 서번트 리더십에 대해 잠깐 설명하려고 한다.

## 1. 원가보다 안전을 상석에 둬라(Trust)

각종 기계를 다루는 현장에서 안전은 아무리 강조해도 지나치지 않다. "작전에 실패한 장수는 용서할 수 있으나 경계에 실패한 지휘관은 용서할 수 없다"는 말이 있다.

리스크 관리는 중요하다고 생각은 하는데 대부분 현실에서는 망각하기 일쑤다. 진정성을 가지고 안전관리와 사고예방을 해야 하는데 왜 형식적으로 할까 늘 의문이었다. 앞서 얘기했듯이 사고는 한번 발생하면 모든 것을 잃을 수도 있다.

하지만 '설마 내 사업장에서 사고가 나랴' 하고 안일하게 생각한다. 또 대비를 하려고 해도 어떻게 할지 모르는데다 눈에 띄는 성과가 나지 않는 일이다 보니 항상 우선순위에서 밀린다. 그래서 어떻게 하면 안전사고를 체계적으로 예방해 나갈 수 있을까 많은 고민을 했다.

그러던 차에 2014년 6월 CJ그룹 차원에서 안전경영실을 만들었다. 그 해 4월 발생한 세월호 사고 이후 안전에 대한 관심이 커가던 시점이었다. 안전경영실을 책임지고 이끌 사람으로 내가 추천되었지만 처음에는 고사를 했다. 안전경영에 대해 관심을 가지고 실제 사업장에 적용은 했지만 전문가는 아니었기 때문이다. 그룹의 안전경영을 책임진다고 하니 걱정이 앞섰다. 결국 안전경영실장으로 발령 받고 나서 산업안전기사 1급을 따야겠다고 마음을 먹고 공부를 시작했다.

2014년 12월 자격증도 따고 안전경영 5단계 시스템을 마련해 2015년부터 그룹에 적용했다. 안전경영을 그룹의 최우선 전략으로 실천해야겠다는 오너의 신념이 강했다. 안전경영실장으로 근무할 때 한 번은 그룹 계열사 경영자들을 모아놓고 이야기하는 시간이 있었다. 그 자리에서 나는 이렇게 말했다.

"안전사고가 나면 제일 먼저 하는 일이 인사위원회를 열어서 사고자를 징계하는 것입니다. 진짜 책임은 경영자 자신들에게 있습니다."

순간 회의장에 침묵이 흘렀다. 일부 계열사 사장단들의 얼굴색이 검은 빛으로 변했다. 하지만 나는 거기서 멈추지 않았다. 아니 멈출 생각이 없었다.

"평상시에 진정성을 가지고 안전예방조치를 했으면 이런 사고가 발생하지 않습니다. 계속 사고가 반복되는 이유를 찾아서 근본적인 원인을 제거하는 것이 최우선입니다."

다들 어리둥절하고 있을 때 회장님이 다가와 격려를 해줬다. 내 진심이 통한 것이다. 그렇게 해서 계열사 CEO가 한 달에 한번 현장에 나가서 문제를 해결하는 '그룹 안전의 날'이 시작하게 되었다. 이 CEO 안전의 날 활동은 그 이후 5년 간 지속되었다.

안전의 중요성에 대해 모르고 있던 CEO들도 내게 고맙다고 인사를 했다. 안전에 대해 깊이 알게 되면 자신도 살고, 직원도 살고, 기업도 산다는 것을 깨달았기 때문이다. 일례로 산재처리에 대한 대응방식에서 상호간의 신뢰가 얼마나 중요한지 한번 점검해 볼 필요가 있다.

대부분 기업에서는 산재보험을 타게 되면 회사에 나쁜 영향을 미친다고 생각한다. 산재보험료가 올라가고 정부로부터 특별관리대상에 오르기 때문이다. 그래서 웬만하면 직원이 업무 중 다쳐도 산재처리를 꺼렸다. 이는 구성원보다 회사의 원가부터 따지는 비인간적인 방침에서 비롯된 것이다.

이것이 반복되면 사고의 원인을 찾지 못하고, 대책은 해당 직원의 부주의에 대해 징계를 내리는 것이 고작이다. 이는 더 큰 사고를 유발하게 된다. 사고의 근본 원인을 찾아서 재발방지 대책을 강구해야 하는데, 그저 사고를 축소시키거나 은폐하다 보니 작은 사고가 대형사고로 연결되는 것이다.

안전경영(Safety Management)이란 '사고를 근절하고, 회사 구성원이 안전한 상태를 유지하는 모든 경영 활동'을 의미한다. 경영 시스템에서 위험(Risk)은 예방이 최선이다. 사고가 발생하지 않으면 경영자와 구성원 모두는 그 순간 안전하다고 생각한다. 그러나 사고가 발생하면 "왜 위험을 사전에 예방하지 못하고, 사후대응에만 급급한가?"라고 비판을 제기한다.

나는 안전경영 제반 활동이 모든 것을 예방할 수 없기에 위험의 인식, 개선, 예방, 대응, 진단의 5단계 안전경영 시스템을 구축하고 실행해왔다. 사고가 발생하지 않는 상태, 즉 무사고무재해(Risk Zero)가 지속 가능하도록 업무를 추진했다.

안전사고 위험도는 제조 현장의 4M(Man, Machine, Material, Method/사람, 기계, 재료, 방법)에 따라 변화하기 마련이다. 이는 현장의 조직 문화에도 큰 영향을 주기 때문에 각 구성원의 마인드셋(Mind-Set. 기본자세), 안전경영 시스템 실행, 위기 상황 대응, 대비 훈련의 상시 가동 등이 뒷받침 되어야 한다.

제조 사업장을 오랜 기간 운영해 온 결과, 제품 생산 공장운영 시 우선 순위에 두어야 할 요소를 파악할 수 있었다. 첫째는 리스크(Risk Management. 환경안전/품질위생/정보보안/조직문화 등), 둘째는 품질(Quality Management. 품질/서비스/고객 만족), 셋째는 원가(Cost Management, 가격/ 가치)다.

이 세 가지의 기본 가치를 우선적으로 고려하여 의사결정 하고, 원칙에 따라 변함없이 실천해왔다. 전통적인 경영학 이론에 따르면 기업은 주주의 이익(Profit)을 최우선 해야 한다. 하지만 장기적 성장과 지속 가능성을 추구하는 기업은 경영 활동과 방침을 정하는 데 반드시 안전(S) > 품질(Q) > 원가(C)의 순으로 고려해야 한다. 다시 말해 "원가보다 안전을 상석에 두라"는 얘기다.

이것이 내가 터득한 안전경영의 첫걸음이다.

**✝ 공장경영의 우선순위**(ABC)

#1. **Risk Management**(안전경영)
#2. **Quality Management**(품질/서비스)
#3. **Cost Management**(원가)

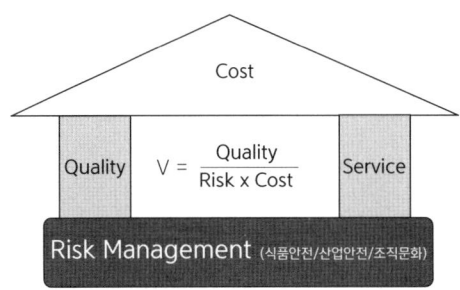

제조 본부장 직무 수행 시, 앞에서 언급한 3가지 요소를 공장장(제조 리더)에게 강조했다. 의사결정이 어려운 상황에서도 항상 안전(S) > 품질(Q) > 원가(C)의 순서를 원칙으로 하여 결정했다. 이 원칙을 고수하는 것이 어려운 상황도 있지만, 지속 가능한 성장을 달성할 수 있는 지름길이라는 것을 꼭 기억하기 바란다.

특히 안전경영 활동은 이론으로 되는 것이 아니다. 반드시 조직 구성원을 통한 현장의 확실한 변화를 이끌어내어 현장의 상시 안전 상태(Risk Free)가 확보되어야 한다. 그러므로 현장 구성원들의 안전 책임자(리더)로서 역할을 다하기 위해서는 '모든 구성원이 안전한 작업 환경에서 즐겁게 일하는 환경을 최우선으로 확보하는 것'을 최종 목표로 삼아야 한다.

## 2. 잘못된 신상필벌의 원칙(Pride)

기업의 경영자는 안전사고와 같은 리스크에 대해서 통상적으로 강한 신상필벌(信賞必罰)의 원칙을 적용한다. 사고 발생 시 책임자에 대한 필벌을 통해서 동일한 사고를 막겠다는 강한 의지에서 나오는 의사결정이다.

하지만 이러한 일방적인 신상필벌로는 문제의 본질은 개선되지 않는다는 사실이다. 오히려 그로 인한 부작용이 더 커서 결국은 역효과를 만들어 낸다는 사실을 주목해야 한다. 사고 예방의 제일 중요한 덕목은 '정직(正直)'이다. 문제를 있는 그대로 끄집어 내어 참 원인을 찾아내고, 그에 대한 재발방지 대책을 제대로 실시해야 동일 사고의 재발을 막을 수 있다.

그런데 사고가 날 때마다 필연적으로 나타날 수 밖에 없는 작업자의 불안전한 행동을 지적하며 벌을 준다면, 작업자는 자신의 책임이 두려워 사고 당시의 상황을 정직하게 이야기 하지 않게 된다. 관리자들도 책임을 회피하기 위해 아주 애매모호하게 사건을 조사하여 결국은 사고의 참 원인은 드러나지 않고, 아주 피상적인 대책만을 세우게 된다.

문제를 해결하는데 제일 중요한 것은 그 당시의 상황과 사고를 일으킨 원인을 있는 그대로 드러내는 게 제일 중요하다. 따라서 이미 벌어진 사고에 대한 책임 추궁보다는 동일 사고의 재발을 막기 위한 대책에 우선을 두어 사고를 대응해야 한다.

모든 사고는 불안전한 상태와 불안전한 행동이 존재한다. 사실은 사고를 유발하는 불안전한 상태와 행동을 발굴·개선하고, 관리해주어야 할 책임은 재해자가 아닌 경영자에게 있는 것이다. 그런데 사고가 발생하는 사고 그 시점의 잘못에 초점을 맞추다 보니 이런 잘못된 신상필벌이 적용되는 것이다. 사실은 사고가 나면 벌은 관리자나 경영자가 받아야 한다. 그래야 평상 시 안전에 대한 관심과 개선에 힘을 쏟고, 그 결과로 사고를 유발하는 작업 환경과 행동을 개선하게 된다.

2014년 1월 모 사업장에서 불이 난 적이 있다. 수순에 따르면 공장장이 책임을 지고 사퇴하는 게 관례였다. 나는 당시 A공장장을 해임하는 것에 반대했다.

"누가 해도 마찬가지입니다. 다음에 불이 또 나면 공장장과 함께 책임을 질 테니 저를 믿고 시간을 주십시오."

눈 가리고 아웅해서는 근본원인이 해결되지 않는다. 질책과 책임추궁이 만능이 아니다. 그 전에 사고예방 인프라를 갖춰놓지 못한 것이 원인이기 때문이다. 화재사고를 있는 그대로 복기하고, 대형화재로 확산된 원인들을 찾아내어 모두 개선하고 다른 사업장에도 수평전개 하였다. 그 이후 사업장의 대형화재는 더 이상 발생되지 않았다.

만약 그때 A공장장을 해임했다면 같은 사고가 반복되었을 것이다. 근본원인을 해결하지 않고, 사고를 마무리하거나 애매하게 왜곡해서 보고하면 일이 더 커진다. '호미로 막을 것을 가래로 막는다'는 속담마냥 나중에는 문제가 눈덩이처럼 불어나 중대재해가 발생할 확률이 높다.

그래서 신상필벌의 허점을 정확히 인식해야 공장이 살 수 있다. 문제의 원인이 어디에, 누구한테 있는지 살펴봐야 그 공장에서 일하는 사람들이 사고를 당하지 않는다. 불안전한 상태와 행동이 곧 사고로 연결된다. 보통은 현장에서 사고를 당한 당사자에게 책임을 물리는데, 사실 관리자의 책임이 크다.

삼성코닝 근무 시절 얘기다. 대구 현대병원에서 미세현미경수술을 잘해서 절단사고가 나면 우선적으로 거기로 보냈다. 그런데 한 번은 손가락 접합이 안 된다고 했다. 아직 결혼을 안 한 그 친구가 잘린 손가락에 붕대를 감고 나에게 "담배 한 대 주세요" 하며 둘이 마주보고 앉아 있는데, 불현듯 '이 모든 책임이 나에게 있는 것 아닌가' 하는 강한 책임감을 느꼈다.

'손가락을 잃었는데 관리자인 나를 위로하듯 어떻게 저렇게 쉽게 체념할 수 있을까?'

당시 공장에서 산업재해가 발생하면 산재보험으로 처리하는 것을 아주 필사적으로 꺼렸다. 아니 이럴 때 쓰라고 가입한 보험이 아니던가? 관리자로서 회사의 규정에 따라야 하는 상황에 답답한 마음만 가득하였다. 그날 이후 나는 모든 산업재해가 발생하면 무조건 산재보험으로 처리했다. 처음에는 말도 많고 눈치도 보였지만, 계속 그렇게 하다 보니 어느새 다른 관리자들도 내 의도를 이해하고 공감을 하게 되었다.

다만, 근무 중에 술을 마시고 일어나는 사고 또는 명백히 금지한 작업 (인터록을 임의 해제하여 작업 하는 경우 등)중 발생한 사고에 대해서는 추호의 여지 없이 강력한 필벌이 필요하다. 이를 통해 다른 사람들이 절대 동일한 행동을 하지 않도록 해야 하며, 이 외의 안전사고의 책임은 관리자에게 물어야 한다.

일반적인 사고 발생 시에는 처벌보다는 '왜 그런 사고가 발생하게 되었을까'에 초점을 맞춰야 한다. 재해자가 관리자에게 정직하게 있는 그대로 사고 발생 상황과 원인을 이야기 할 수 있도록 하여 문제를 드러내고 개선하는데 초점을 맞추어야 한다.

재해자에게 일방적인 필벌보다는 회사에서 최선을 다해 치료하는 모습을 보여줌으로써 회사와 동료에 대해 사고 발생에 따른 미안한 마음보다는 감사한 마음을 크게 하여, 확고한 신뢰감을 심어 줄 수 있는 절호의 기회로 삼아야 한다.

## 3. 신나는 현장 개선여행(Fun)

톰은 밤늦도록 놀다가 창문을 통해 몰래 방으로 기어들어 가던 중 폴리 이모에게 딱 걸린다. 다음날은 휴일인 토요일이었다. 화창한 휴일 톰은 높이 3미터에 길이 30미터나 되는 담장에 페인트칠을 하는 벌을 받는다. 톰이 낙담하고 있을 때, 친구 벤이 사과를 먹으며 오고 있었다.

벤이 톰을 안쓰럽게 바라보자 톰은 아주 즐겁게 페인트칠을 한다. 이어 페인트칠은 일이 아니라면서 '아무나 할 수 없는 일'이라고 자랑하면서 "맞아. 이모는 이 담장에 대해 지독히 까다로워. 그래서 아주 조심스레 칠해야 돼. 내 생각에 이 일을 제대로 해낼 수 있는 아이는 아마 천 명에 하나, 아니 2천 명에 하나 있을까 말까일 거다."
몸이 달아오른 벤이 "설마, 그게 정말이니? 그럼 한 번만 하게 해줘. 이 사과 몽땅 다 줄게." 톰은 못 이기는 척 붓을 넘겨준다. 벤이 뙤약볕 아래 땀을 뻘뻘 흘리며 칠하는 동안, 톰은 그늘에 걸터앉아 맛있게 사과를 먹는다.

마크 트웨인 '톰 소여의 모험'에 나오는 내용이다. 이는 공자가 '호지자불여락지자'(好之者不如樂之者)라고 말한 것과 일맥상통한다. 즉 "어떤 일을 즐기는 사람이 좋아하는 사람보다 훨씬 낫다"는 뜻이다.

GWP 만들기의 세 번째 요소는 **일하는 즐거움**이다. 사실 세상에 즐거운 노동이 어디 있으랴! 그러나 위에 나오는 톰처럼 즐겁게 하는 일은 사람을 움직이는 묘한 매력이 있다. 인간은 노동의 강도보다 가치유무에 따라 성취감과 삶의 동력을 얻게 된다.

공장에는 현장의 낭비개선을 위한 수단으로 소집단을 구성하여 함께 현장혁신을 수행하는 분임조활동이 있다. 일본에서 도입되어 지금까지도 현장혁신의 전형적인 체제를 구축하고 있다. 주로 TPM활동을 주축으로 현장의 낭비, 불합리를 발굴 개선하고 자주보전 역량을 키워 설비에 강한 오퍼레이터를 육성하는 목표로 진행해오고 있다. 이런 활동이 일본에서 도입되어서인지 0스텝에서 7스텝까지 정교하게 짜여진 기준과 절차를 따라 진행하는데, 일본의 순종하는 문화에서 만들어진 틀이어서 우리 정서에는 지루하고 답답한 면이 있다.

따라서 꾸준히 7스텝까지 가지를 못하고 대부분 3~4스텝에서 "기본으로 돌아가자"(Back to the basic)는 구호를 외치며, 0 step인 3정5S로 돌아가 다시 시작하는 반복을 되풀이하고 있다. 그러다 보니 현장구성원들은 자발적이기보다는 다소 억지로 떠밀리듯 활동하게 되고, 비슷한 과정을 되풀이 하면서 매너리즘에 빠지기도 한다. 고심 끝에 생각해낸 것이 개선여행이다. 혁신활동을 '여행을 하듯 설레고 즐겁게 하면 좋겠다'는 생각에서 시작되었다.

TPM의 0 step인 3정5S를 오지탐험이라는 여행상품을 기획하고 공유하는 형식을 취했다. 공장의 레이아웃을 펼쳐 가장 관리가 안 되는 사각지대를 찾아내 관리상태로 만들어가는 과정을 사진 또는 동영상으로 기록하였다. 여행의 과정을 다른 여행단과 공유하면서 서로 개선의 팁도 얻고, 성과에 대한 응원의 박수를 보내는 형식이다. 이 과정에 관리자와 공장경영자가 여행단과 소통하고, 난관에 부딪힐 때 지원하면서 참여하게 된다. 그러다 보니 여행의 성과는 100% 성공적이 되었다

특히 여행의 성과는 초기 모습이 나쁠수록 커졌다. 여행단들은 경쟁하듯 공장 내 숨어있던 관리사각지대를 찾아내기 시작했고, 일정기간이 지나면 관리사각지대는 지도에서 모습을 감추게 되었다. 이것은 공장의 기본관리를 위한 3정5S는 완성이 되었다는 의미가 된다.

놀라운 것은 이런 현장의 치부라 할 수 있는 사각지대를 당당하게 문제로 이끌어내는 현장문화에 일대 변화가 일어난다는 사실이다. 마치 낚시 갔다가 대어를 낚는 기분처럼 미처 보지 못했던 사각지대를 발견하면 로또를 맞은 느낌이다. 서로 기뻐하며 서둘러 여행단을 꾸미는 현장구성원

의 자발적인 활동이 지금까지의 현장혁신과는 완전히 대조적이었다. 이렇게 오지탐험을 2년 정도 하면 공장의 지도가 바뀐다. 오지가 전부 개발되어 관리상태로 바뀌게 되는 셈이다. 그 다음에는 안전테마를 중심으로 여행테마를 바꾼다. 현장 내 존재하는 불안전요소를 찾아내어 개선하는 여행을 통해서 현장구성원의 작업환경을 안전하게 만든다.

※ 개선여행의 단계별 추진 가이드

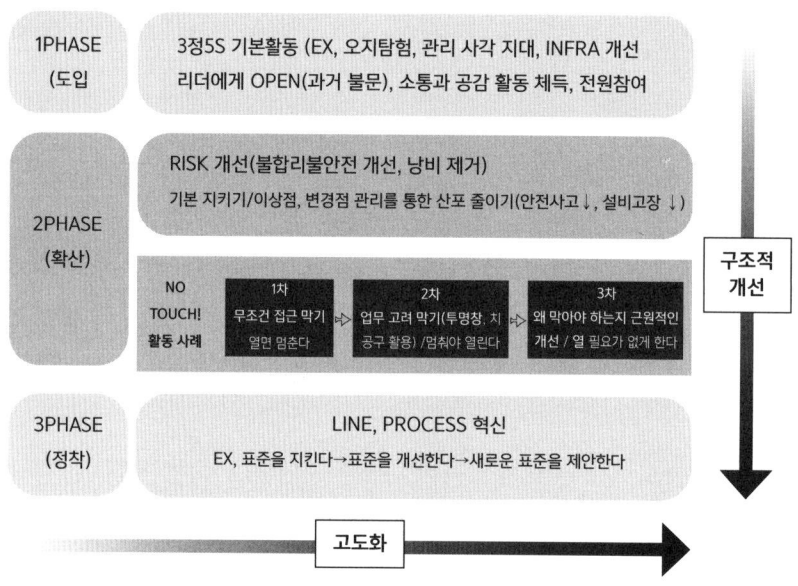

(한번에 완벽함을 추구하기 보단 지속적인 활동을 통한 현장원 스스로 개선의 눈 높이를 올린다)

이를 통해 스스로 안전에 대한 의식이 향상되고 안전제일문화가 현장에 구축되는 효과를 얻는다. 구성원의 자발적인 의지와 관리자, 경영자의 적극적인 지원이 시너지를 만들어 서로 소통하면서 현장의 조직문화가 개방적이고 발전적인 변화를 맞이하게 되는 것이다. 이 과정을 여행처럼 즐겁게 진행하고, 그 성과를 크게 칭찬하고 응원하면서 지속적인 현장혁신의 원동력이 생기게 된다. 억지로가 아닌 구성원 스스로 성취와 자부심, 그리고 즐겁게 일하는 그런 혁신이 가능한 순간이 오는 것이다. 이것이 바로 일하는 즐거움(Fun) 아니겠는가?

개선여행의 시작과 고난, 그리고 성과에 대한 자세한 이야기는 6장의 '현장을 개혁하라'에서 더욱 구체적으로 소개가 될 것이다.

## 4. 섬김의 출발점 '서번트 리더십'

GWP를 만들어 가는 여정에서 우리는 자연스레 '섬김'에 대해 알게 된다. 마치 종교적인 느낌이 들기도 하지만, 섬김은 말 그대로 상대방을 받들어 주는 것이다. 다시 말해 타인을 존중한다는 의미다. 다른 사람을 존중하려면 먼저 자신을 낮춰야 한다. 그래서 성경에서도 자신을 높이면 낮춰지고, 자신을 낮추면 들어올려진다고 했다.

"무슨 일이든 이기심이나 허영심으로 하지 마십시오. 오히려 겸손한 마음으로 서로 남을 자기보다 낫게 여기십시오. 저마다 자기 것만 돌보지 말고 남의 것도 돌보아 주십시오."(필리피서 2, 3-4)

GWP의 3요소인 신뢰와 자부심, 그리고 즐거움에 이르기 위해서는 자신을 낮춰야 한다. 이 낮춤은 윗사람에게 머리를 숙이는 굴복과는 다른 개념이다. 겸손은 윗사람은 물론 아랫사람에게도 똑같이 머리를 숙이는 것이다. 그래야 서로 진심이 통하고 원하는 일을 이룰 수 있다.

삼성코닝 생산과장으로 근무할 때 새벽에 전화벨이 울리면 가슴이 철렁거렸다. 99% 현장에서 발생한 사고소식이기 때문이다. 손가락이 잘린 동료를 보고 안전경영에 대한 체계적인 시스템을 만들 것을 다짐했다. 밤새 연구를 해서 철장갑까지 만들기도 했다. 이것은 누가 시켜서 하는 일이 아니었다. 내 동료가 안전해야 나 또한 안전한 작업장에서 일을 할 수 있는 것이다. 똑같은 조건과 환경에서 나라고 사고를 피해갈 수는 없는 것은 어쩌면 당연한 이치다.

'자랑스런 삼성인상'을 받았을 때 삼성경제연구소에서 인터뷰를 하러 온 적이 있다. 상을 받게 된 동력이 뭐냐는 질문에 나는 "같이 일하는 구성원들이 더 안전한 작업환경에서 생활하고 싶은 마음이 전부다"라고 대답했다.

공장 구성원이 다치면 관리자의 책임이 가장 크다. 지금까지 나와 함께 일하는 구성원들의 안전을 책임진다는 마음으로 30여 년을 살아왔다. 그것이 동료도 살고 나도 사는 길이라고 여겼다. 그러다 보니 회사에서 어떤 목표가 내려오면 직원들이 자신감을 가지고 100% 이상의 실적을 달성하는 것을 체험했다. 나중에 그게 바로 '서번트 리더십'(Servant Leadership. 섬기는 리더십)인 것을 알게 되었다. 과거 공장장 시절부터 이를 실천하기 위해 부하 팀장들과 고민하고, 실제로 현장의 변화를 추구해왔다.

서번트 리더십이란 '리더가 먼저 공유하고, 구성원의 성장과 발전을 도모하면서 리더와 구성원 간 신뢰를 형성하여 궁극적으로 조직의 성과를 달성하는 리더십'으로 정의할 수 있다. 리더가 구성원을 섬기는 자세로 그들의 성장과 발전을 돕고, 조직 목표 달성에 구성원 스스로 기여하도록 만드는 것이 핵심이다.

관례적으로 안전경영 담당자는 사고발생 시에만 해당 조직에서 주목을 받고, 사고로 인한 회사 피해에 대한 책임자로 인식되어 왔다. 이런 이유로 대부분의 안전 담당자들은 해당 업무를 기피하게 되고, 법적으로 책임지는 것을 면하는 수준으로 사후 대응하는 사례가 만연했다.

'안전은 사고 안 나면 본전이고, 예방해도 소용없다'는 마인드가 확산되는 조직을 지켜보는 것은 힘든 일이었다. 업무 수행 과정에서 소극적으로 눈에 보이는 위험 요인만 제거하고, 법적 기준만 겨우 준수하는 방어적 태도가 조직 내에 형성되는 상황도 많이 보아왔다. 일례로 불과 몇 년 전에서야 안전관련 전담 부서로 안전환경팀이 신설되었으며, 아직도 지원팀이나 총무 등 겸임 담당자가 안전 업무를 담당하는 경우 등을 들 수 있다.

대한민국 사회에 대형 사고(성수대교 붕괴, 삼풍백화점 붕괴, 대구 지하철 화재, 세월호 침몰사고 등)가 발생하면 그 당시에는 안전의 중요성을 강조하면서 대응에 집중한다. 하지만 시간이 지나면 다시 '안전 불감증' 얘기가 뉴스에 오르는 것을 반복해 왔다. 이 악순환의 고리를 끊어내려면 사고발생 시에만 경계하는 행동 자세를 혁신하고, 안전에 대한 사명감과 헌신의 '안전경영 서번트 리더십'을 실행해야 한다.

그러기 위해서는 사고(재해자) 자체를 원망하지 않아야 한다. 소통, 지원, 성과, 지속을 기반으로 성과를 달성하는 과정이 다소 느리고 답답할 수도 있다. 하지만 기술과 경험을 바탕으로 새로운 도전을 지속적으로 시도하고, 끈기 있는 서번트 리더십을 발휘하는 현장혁신과 안전경영 시스템의 구축이 절실하다.

## 바람직한 리더십의 4가지 원칙들

공장경영을 잘하기 위해서는 리더십이 아주 중요한데, 이런 역량을 쌓아가는 노력을 꾸준히 해야 한다. 리더십이란 주변 이해관계자에게 미치는 영향력을 말하는데, 이런 영향력이 강하고 긍정적이라면 그 사람은 '좋은 리더'라 말할 수 있다. 리더가 바람직한 리더십을 가지기 위해서는 다음과 같은 4가지 핵심가치를 실천해야 한다

   1) 비전공감의 리더(Visionary)
   2) 변화추진의 리더(Change agent)
   3) 인재육성의 리더(Empowerment)
   4) 가치실천의 리더(Role model)

위의 네 가지 핵심가치를 통해 리더십이 길러진다. 리더는 이런 리더십으로 구성원과 신뢰를 가지고, 공장경영의 성과를 극대화하면서 지속 가능하게 만들어 가야 한다. 어떤 사람은 내게 "리더십과 전문성 가운데 무엇이 더 중요하냐"고 묻는다.

둘 중 하나를 선택하라면 당연히 리더십이 우선이다. 왜냐하면 전문성은 누구나 스스로 습득해서 얻어질 수 있지만, 리더십은 타인과의 소통이 중요하기에 더 가치 있고 혼자서는 이뤄낼 수 없는 일이기 때문이다. 사실 CJ그룹에서 정해놓은 4가지 핵심가치가 있음에도 그 의미를 잘

모르고 넘어가는 사람들이 많기에 이 자리에서 자세히 설명을 하려고 한다. 그럼 하나하나 천천히 살펴보도록 하자.

## ① 비전공감의 리더

리더는 조직의 구성원들에게 조직의 역할과 목표, 그리고 궁극적으로 조직이 달성해야 할 비전이 무엇인지를 잘 정리해서 지속적으로 소통하여 공감대를 이루어내야 한다. 올해 우리조직의 달성목표는 무엇이고, 어떤 전략으로 달성할 것인지, 전략별 핵심과제는 무엇인지, 구성원들은 어떤 과제를 맡아서 조직의 목표 달성에 기여할 것인가를 이해할 수 있게 공감을 얻어내야 한다.

실제로 공감이 이루어진 조직과 그렇지 못한 조직간에는 극명한 차이가 생기게 된다. 업무를 추진하는 도중에 갑작스런 리더의 부재나 이슈 발생시 공감이 잘 되어있는 조직은 구성원간의 협업을 통해 기 공감된 목표를 향해 이슈를 극복하고 나아가는 조직력이 발휘된다. 하지만 "잔소리 말고 나를 따르라"는 식의 일방적인 리더의 행동으로 공감노력이 부족한 조직도 있다. 이 경우 이슈가 발생하면 그것을 극복하지 못하고 구성원간 공감도가 약해서 더 큰 이슈로 악화되어 조직 전체에 위기가 올 수가 있다.

처음에는 비전공유라는 조금 소극적인 명칭을 사용했는데, 적극적인 소통의 의미를 담은 '비전공감'으로 바꿨다. 이처럼 리더는 끊임없이 조직의 구성원과 비전과 목표에 대한 공감을 통해 조직의 추진력과 실행력을 높여 성과를 달성하는 것이다. 이것이 리더가 갖추어야 할 리더십의 첫 번째 핵심가치다.

## ② 변화추진의 리더

업무를 정해진 대로 답습하면 시간이 지날수록 구성원은 점점 게을러지고 요령만 늘어가게 되어 있다. 동일한 일의 반복이 일정시간 지나면서 서서히 매너리즘에 빠져 일을 편하게 하고, 익숙한 방법을 벗어나지 못하게 된다. 개인의 역량향상도 그다지 없고 성과도 매년 비슷해서 결국 '저성과 조직'으로 바뀌게 되며 구성원은 더 이상 성장하지 못한다.

이런 이유로 리더는 끊임없이 지금하고 있는 업무를 더 가치 있는 일로 개선하고 혁신하여 지속적으로 더 큰 성과를 창출해 나가야 한다. 그래야 구성원들이 새로운 변화와 혁신의 과제를 수행하는 과정을 진행하는 동안 새로운 역량도 쌓이고 성과를 내면서 성장하게 되는 것이다.

실제 업무가 숙달되면 점점 게을러지는 것이 인지상정이다. 그렇게 요령만 피우다 2, 3년 정도 지나면 매너리즘에 빠지게 된다. 품질부서는 문제제기만 하고, 사업장 기술인력들은 일상적인 업무에 빠져 변화를 추진할 여력이 없다. 질책을 두려워해서 숫자로만 관리를 하니 비슷한 문제가 반복되어 나타난다.

나는 그런 조직을 도맡아 문제해결 조직으로 탈바꿈시켰다. 고질적인 문제를 선정해서 우리가 깊이 연구해서 근본원인을 찾은 다음 재발방지대책을 2년 동안 했더니 문제가 1건도 안 나왔다. 근본적인 문제를 풀어주니 구성원간 좋은 관계가 형성되고, 발전하는 조직이 되었다. 무엇보다 그 과정에서 사람이 크게 성장하는 것을 두 눈으로 보는 것이 제일 기쁜 일이었다.

우리는 내부경쟁보다 경쟁사를 이길 수 있는 데 역량을 집중해야 한다. 그러려면 지금과는 전혀다른 경쟁요소를 찾아 기술개발을 해야 한다. 아직은 세상에 나오지 않은것에 도전하여야 한다.

그 과정은 외롭고 힘들지만 성공하고나면 경쟁사를 압도하는 초격차의 경쟁력을 확보하게 되고 여기에 함께 참여했던 직원은 자신감이 쌓이고, 앞으로 큰 일을 할 수 있는 동력을 얻게된다. 이것이 바로 리더의 역할이다. 리더는 이처럼 자신이 속한 조직의 변화혁신을 통해 조직의 성과를 극대화하고, 구성원의 성장을 이끌어야 할 책임이 있는 것이다.
이것이 리더가 가져야 할 리더쉽의 두 번째 핵심가치다

## ③ 인재육성의 리더

리더는 구성원을 훌륭한 리더로 성장시킬 책임을 가진다. 구성원의 역량이 향상되면 각자는 더 큰 성과를 만들어 낼 것이고, 그것은 곧 조직의 성과이자 리더의 성과가 되는 것이다. 그러면 구성원의 역량을 어떻게 향상시켜 구성원의 성장을 이끌어낼 수 있는 걸까?

결론부터 말하자면 나는 철저히 '일'을 통해 역량을 향상시켜왔다. 새로운 변화혁신을 시도하면서 도전적인 목표와 과제를 선정하고, 그 과제의 수행을 도와주고 코칭하면서 스스로 과제를 해결하도록 했다. 과제의 실행과정을 통해 문제해결 역량이나 과제의 리더십 등을 철저하게 습득하도록 했다.
이런 과정은 구성원도 모르는 사이에 자신의 역량이 향상되고 과제의 성과를 인정받아 '스스로 성장하는 성취감'을 느끼면서 점차 성장을 위한 동기부여를 제공해 줄 수 있다. 구성원의 역량이 향상되면서 조직은 더 큰 성과를 만들어내고, 구성원들은 더 높은 목표에 도전하는 조직문화를 만들어가는 것이다. 이것이 리더가 구성원들의 역량향상을 통해 인재를 육성하는 목적이다

구성원은 일을 통해 역량이 향상되고, 그 구성원들이 더 큰 성과를 만들어 내면 그것이 바로 리더의 성과가 되는 것이다. 구성원을 육성하는 일이 리더가 해야 할 리더십 세 번째 핵심가치다.

## ④ 가치실천의 리더

좋은 리더, 훌륭한 리더는 구성원이 '존경하고 믿고 따르며 궁극적으로 닮아가고 싶어하는 리더'가 되는 것이다. 바로 구성원의 롤모델이 되는 것이다. 롤모델이 되기 위해서는 솔선수범, 자신에 대한 엄격함 등 여러 가지 행동의 가치가 있을 수 있지만, 가장 중요한 리더의 행동은 바로 구성원의 실수를 과감하게 책임져주는 '용기'를 보여주는 것이다.

높은 목표에 도전하고 변화혁신의 과제를 수행하는 중에 구성원의 실수로 문제 발생 시 과감하게 리더가 책임을 지는 자세다. 구성원에게 "도전적인 일에는 항상 실패가 따를 수 있다. 이 건은 내가 책임을 지고 해결할 테니 너무 기죽지 말고 계속 진행하라"는 용기를 주는 것이다. 이런 리더의 모습에 구성원은 무한한 신뢰를 가지게 된다.
또한 리더가 기획하고 의사 결정하여 진행한 일이라 해도 그 성과를 과감히 구성원에게 돌려 성과를 인정받게 하고 성취감을 북돋아줄 수 있어야 한다. 그런 리더를 좋아하지 않을 구성원이 어디 있겠는가? 리더

는 권한과 책임을 동시에 갖는데, 대부분 책임은 모르고 권한만 행사하려고 한다. 이런 조직의 구성원은 리더를 따르지 않는다. 권한은 내려놓고 책임을 질 수 있는 리더가 존경을 받게 되는 것이다.

이런 행동의 가치를 실천할 때 구성원은 리더에게 믿음이 생기고, 그런 신뢰를 바탕으로 구성원은 최선을 다하고 성장하게 되는 것이다. 리더는 권한을 가지는 동시에 그에 상응하는 책임도 가지게 되는데, 권한은 내려놓고 책임을 다하려 노력하는 모습을 통해 구성원에게 신뢰를 얻는 것은 자명한 일이다. 이처럼 기꺼이 책임을 지는 용기를 가진 리더의 행동 가치가 리더가 가져야 할 리더십의 네 번째 핵심가치다

위의 리더십 4가지 핵심가치 중 어떤 것이 가장 중요할까?

바로 네 번째 가치실천의 리더가 되는 것이다. 왜냐하면 가치실천의 리더가 되어 구성원과 두터운 신뢰를 쌓고 구성원의 팔로십(추종)이 강해지면, 일단 구성원과 비전공감이 빠르게 이루어진다. 또한 새로운 변화혁신을 추진할 때 구성원의 저항이 낮아 추진력이 배가될 수 있기 때문이다.

따라서 리더는 구성원이 어려울 때 진정성을 가지고 손을 내밀어 용기를 주고, 진심 어린 코칭을 통해 구성원 스스로가 어려움을 이겨내고 새로운 도전의 용기를 가질 수 있게 해주는 것이 중요하다. 그렇다면 그 구성원은 리더에게 무한한 신뢰를 가지게 될 것이다. 신뢰가 쌓이면 비전공감이 빨라진다. 대부분 현장에서 변화와 혁신에 도전하다 보면 거센 저항에 직면하게 되는데, 신뢰가 쌓이면 쉽게 실마리를 풀 수 있다.

여기서 진짜 중요한 것은 "리더십은 리더가 된 다음 길러지냐?"는 질문이다. 결론부터 말하자면 구성원 시절부터 리더가 되려는 노력을 꾸준히 해야 어느 정도 역량이 쌓이게 되었을 때 리더십을 발휘할 수 있다. 일례로 자기 업무를 하다 보면 관련된 사람들이 있는데, 이런 이해관계자들을 구성원으로 인식하고 4가지 리더십을 실천하기 위해 노력해야 한다. 업무공유도 카톡 단체방 등을 개설해 일의 속도를 높이는 시도를 하는 식이다.

특히 구성원이 어려울 때 리더는 신뢰를 더 얻기 쉽다. 안 풀리는 문제에 빠졌을 때 기꺼이 막아주면서 해결할 수 있도록 도와주면 내 사람을 하나 만드는 것이다. "당신 힘든 거 내가 해줄 테니 얼른 해결하고 와" 이 한마디에 모든 문제가 눈 녹듯 사라진다. 나 역시 삼성시절 대리 때까지 고과가 좋지 않았다. 하지만 과장을 달고 나서 평가가 확 달라졌다. 조직이 생기니 리더십이 생긴 것이다.

CJ에 와서도 처음 2년 동안 아무런 조직이 없으니 별다른 성과가 없었다. 하지만 문제가 있는 곳을 찾아 다니며 현장을 개혁하고 구성원들에게 동기부여를 한 결과, 지금은 겁나는 것이 없다. 가끔 나에게 찾아와 "술 마실 때 아무도 뒷담화를 안 하는데 비결이 뭐냐"고 묻기도 한다. 그것은 오랫동안 신뢰를 쌓으려고 노력한 결과다. 그냥 상사로서 단순히 잘 보이려는 게 아니라 힘든 것을 감내하며 신뢰를 쌓아온 것이 이유라고 말하고 싶다.

이런 행동이 바로 리더가 구성원의 마음을 얻을 수 있는 가장 확실한 방법이며, 서번트 리더십이야말로 가치실천의 가장 대표적인 리더십이라고 정의할 수 있다.

✝ 리더십 선순환 구조

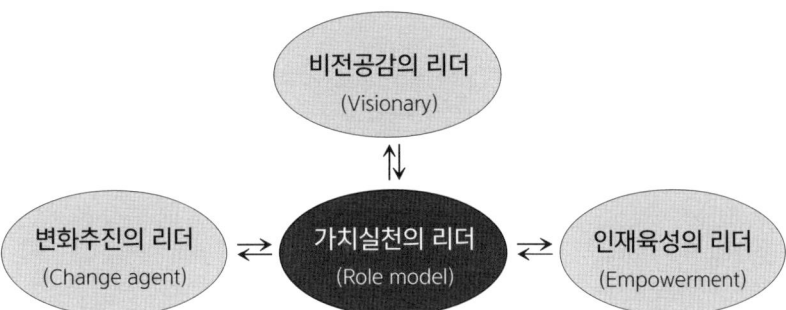

# Part 4

RM 3요소 되돌아 보기

1장에서 안전경영의 핵심 3요소를 ①Top의 안전에 대한 확고한 의지와 방침 ②안전 전문조직 구축과 자원의 할당 ③지속 실행 가능한 안전경영 시스템으로 정의한 바 있다. 이 세가지 요소는 어느 것 하나 빠짐이 없이 톱니바퀴처럼 맞물려 있어야 구동이 가능하다.

## 1. 경영자에게 '오장칠부'를 선물하라

[Top의 안전에 대한 확고한 의지와 방침]

경영자의 안전에 대한 확고한 의지가 있어야 조직 내에서 안전제일의 마인드셋이 만들어 질 수 있다. 이런 경영자의 확고한 안전에 대한 의지와 철학을 구성원들에게 지속적으로 보여줘야 한다.

안전경영방침을 만들어 모두가 그것을 공감할 수 있게 게시하고, 중요한 의사결정 단계에서 안전을 우선시하여 결정할 때마다 안전경영방침을 인용해야 한다. 그래야 구성원들은 안전에 대한 경영자의 진정성을 느끼고 받아들이기 시작한다.

"우리는 고객과 종업원의 안전을 경영의 최우선 가치로 하는 온리원 안전제일문화를 만든다."

CJ그룹의 안전경영방침이다. 의사결정 시 원가와 안전이 첨예하게 대립될 때 이 안전경영방침을 통해 안전우선의 의사결정을 내리는 것으로 안전문화를 완전히 바꾸게 된 사례가 있다.

## Case study 1) 계절밥상 대화역점 입점 불가(천장 우레탄 폼)

몇 년 전 한식뷔페 붐이 일었던 시절이다. 당시 '계절밥상'에 가서 식사를 하려면 두 세 시간을 기다릴 정도로 인기가 많았고, 계속 점포를 늘리며 경쟁적으로 사업을 성장시키던 때였다. 영업부서에서 일산 대화역 아주 요지에 식당을 오픈 하려고 물색해 둔 후보지를 사전점검 하였는데, 단열과 결로방지를 위해 천장이 온통 우레탄폼으로 덮여있었다. 우리 안전팀에서 화재 시 우레탄은 유독가스 발생이 심하고, 확산속도가 빨라 질식사고의 위험성을 지적하며 천장을 재시공 하지 않으면 입점이 불가하다는 의견을 냈다.

당시 영업팀의 입장에서 안전팀의 의견은 그다지 받아 들여지지 않는 분위기였다. 만약 입점 취소 시 경쟁사가 바로 입점할 거라며 입점 강행 의견을 아주 강하게 주장하였다. 안전팀은 그 기세에 밀리는 형국이었다. 이제 신설된 그룹 안전경영실의 사활이 걸린 문제였다.

당시의 안전의식으로는 법적 이상의 내부요건을 주장하는 안전팀의 요구가 무리라는 분위기가 팽배하여 담당자들은 제대로 목소리를 내기가 어려운 상황이었다. 안전경영실장으로서는 안전제일문화를 바로 잡을 절호의 기회이자 관철하지 못할 경우 안전조직의 존재감을 잃을 수 있는 위기의 순간이었다.

그래서 배수진의 심정으로 안전기준을 지킬 것을 강력하게 주장했고, 만일 그대로 입점강행 시 내 스스로 옷을 벗을 각오까지 하고 있었다. 사안이 심각해지자 경영회의까지 안건이 논의되었다. 결국 당시 대표이사가 최종적으로 안전팀의 손을 들어주었고 입점은 취소되었다. 그때 이런 이야기가 있었다.

"우리가 안전 때문에 입점을 취소하면 경쟁사가 입점하더라도 대한민국 1등기업으로서 국민의 안전을 위한 기준을 세우고 지켜나가는 의사결정은 잘한 일이다. 단기적으로는 손실이지만 길게 보면 경쟁사들도 우리와 같은 선택을 하게 될 것이다. 그것이 국민안전을 위한 올바른 결과가 될 것이고, 1등기업이 해나가야 할 책임 있는 행동이다."

이런 대표이사의 확고한 안전에 대한 철학과 의지가 의사결정까지 연결된 것이다. 이 사건이 현장에 SDR을 뿌리내리게 한 결정적인 계기가 되었다. 지금도 신규입점 시 사전안전성 평가가 철저히 지켜지고 있는 안전제일의 문화를 자리잡게 하는 초석이 되었다.

한달 뒤 그곳에 경쟁사가 입점하였다는 소식을 들었지만, 우리는 누구도 우리가 내린 결정을 후회하지 않았다. 이처럼 안전경영 3요소 가운데 제일 중요한 사항은 경영자의 안전제일 마인드셋이다. 아무리 조직과 시스템을 구축해도 경영진이 안전에 관심이 없으면 무용지물이다. 경영자가 안전에 대해 관심이 많으면 다행이지만, 그렇지 않은 경우 안전 담당 부서장이 끊임없이 안전의 중요성에 대해 경영진을 설득해야 한다.

무엇보다 안전경영은 실천이 중요하다. 아무리 좋은 시스템과 조직이 있어도 경영자의 확고한 철학과 의지가 없으면 실행이 불가능하다. 경영자가 안전보다 당장 눈 앞의 이익에 집중하겠다면 어쩌겠는가. 그럼에도 불구하고 안전 담당자는 자신의 직을 걸고 경영자에게 직언을 할 수 있어야 한다. 안전경영의 중요성을 알고도 무시한다면 할 수 없는 일이지만, 만약 모르고 있다면 끊임없이 일깨워줘야 한다.

나는 사람의 안전에 관한 것이라면 누구든 성직자처럼 순교를 하는 자세로 임해야 된다고 생각한다. 곳곳에 뿌리를 내린 위험요소를 제거하고 안전한 환경을 만들기 위해서는 당장 밥그릇이 없어져도 괜찮다는 각오로 부딪혀야 한다. 그러면 나도 살고 기업도 산다는 것을 깨달았다.

사람은 오장육부가 제대로 기능을 해야 생명을 유지할 수 있다. 이 중에서 어느 것 하나라도 고장이 나면 오래 살 수가 없다. 기업은 여기에 한가지를 더해서 오장칠부를 경영방침에 넣어두고 기업을 운영해야 한다. 그것은 바로 '안전'이라는 기업에서 가장 중요한 장기(臟器)이다. 원가와 납기가 기업의 간과 쓸개라면 안전은 심장과도 같다. 안전이 멈추면 기업도 머잖아 숨을 멈추게 되어있음을 명심해야 한다. 그러니 죽을 각오로 경영자에게 안전경영이라는 고양이 방울을 달아줄 수 있는 용기가 필요하다.

**안전의 시작은 마인드셋에서 출발**한다. 경영자의 관점을 사후 대응에서 사전 예방으로 전환해야 한다. 어떠한 상황에서도 "고객과 임직원의 안전을 경영의 최우선 가치로 하는 안전제일 문화를 만든다"는 안전경영 철학이 구호로 끝나서는 안 된다. 경영자와 구성원 모두의 마음과 행동 원칙에 안전이 뿌리내리도록 하는 마인드셋이 필요하다. 경영진의 안전 마인드셋을 실행하는 방법은 크게 두 가지로 요약할 수 있다.

우선 안전경영 방침을 전사적으로 공감하고 전파해야 한다. 그 다음 회의 시 의사결정 과정에서 안전을 우선하는 모습을 경영자가 몸소 보여주는 자세가 필요하다. 단기영업이익보다는 고객 안전을 최상위에 두는 진정성 있는 안전 마인드셋을 실제 회사운영에 적용시켜야 한다.

안전 마인드셋은 어떻게 하는 것이 가장 효과적일까? 많은 조직에서 안전 결의 대회, 표어/포스터/UCC 공모전, 온라인 교육 등 많은 활동을 하고 있지만, 가장 중요한 것은 조직(회사)의 성장 전략과 연계한 구성원의 마음가짐(마인드셋)을 자발적으로 이끌어내는 일이다.

예를 들어 우선 방침(Principle)과 사명(Mission), 역할과 책임(Role & Responsibility)에 대한 내용을 정리하고, 구성원 모두가 가장 이해하기 쉬운 문장과 내용으로 작성해야 한다. 이를 단순히 게시하는 것이 아니라 직접 조직장 및 리더가 반드시 교육하고 소통하여 마음가짐을 하나로 집결함으로써 사고의 고리를 과감히 끊어내야 한다.

또한 지속 가능한 활동을 공표하고, 그와 함께 핵심 활동을 시작하는 것이 중요하다. 이와 같은 활동은 최고 경영자(CEO)의 목소리를 통해 교육하는 것이 효과적이다. 직접 서명한 문서를 부착할 수도 있으나 승인한 내용(안전경영 방침 형태도 무방함)을 간단한 CEO 메시지(동영상이면 더욱 효과적임)와 함께 전달하여 안전경영의 의지를 천명(天命)하는 것도 좋다. 실제 사고가 발생하거나 의사결정을 해야 하는 상황에서 기준과 방침으로 선정하고, 실천하는 데 경영자의 의지가 가장 큰 요인이기 때문이다.

안전을 비용으로 보는 단기적 관점이 아닌 미래를 위한 투자로 인식을 전환해야 한다. 사후 관리가 아닌 예방 관리의 안전경영 체계를 구축하기 위해 최고 경영자의 의지는 매우 중요한 요소라는 것은 백 번 얘기해도 지나치지 않다.

## 2. 사람이 최고의 자산이다
[안전 전문조직 구축과 자원의 할당]

최고 경영자의 안전에 대한 강한 소신과 철학을 전제로 조직 내에 그것을 실행하기 위해서는 반드시 전담조직이 갖추어져야 한다. 본사에는 안전 Staff 조직, 사업장(공장)에는 공장장의 안전 Staff 조직이 그 역할을 할 수 있도록 조직을 구성해야 한다.

‡ **안전경영 조직도**

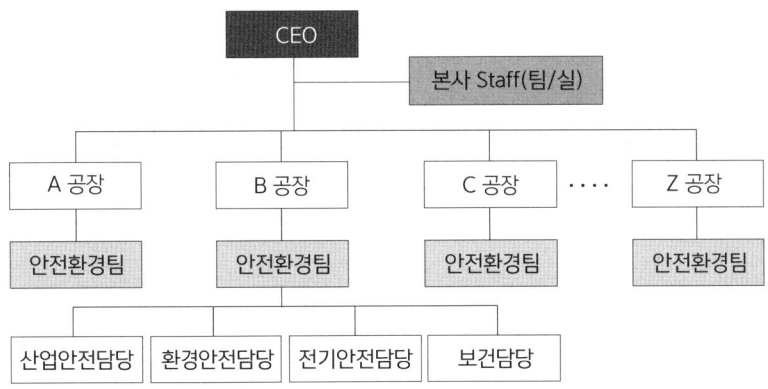

일단, 공장별로 반드시 갖추어야 할 조직의 기준을 정하고 실행하여야 한다. 안전환경팀을 만들고 안전 1명, 환경 1명, 전기안전 1명, 보건 1명 등 필수 T/O를 정하여 안전경영을 실천하도록 한다.

사업장의 규모나 위험도에 따라 인력을 추가로 가져가는 것은 공장장의 선택이다. 그러나 필수 T/O는 반드시 지키게 하였다. 일단 조직이 갖추어지면 그들이 소신껏 일할 수 있도록 힘을 실어주고, 월간 안전경영 협의체를 통해 지속적인 관심과 지원을 아끼지 말아야 한다.

**✝ 안전경영 협의체 운영**

■ 본사Staff R&R

① 방침/전략의 수립
② 사고사례 공유
③ 개선대책 수립 및 실행

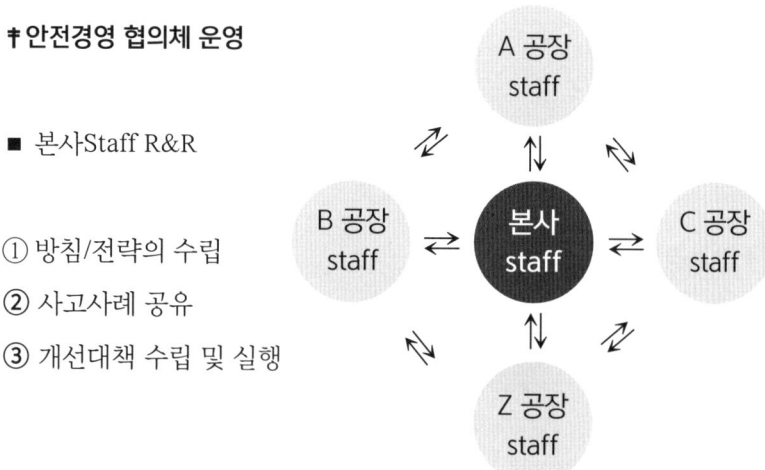

전 전문(안전환경, 식품안전, 조직문화, 정보보안 등) 분야별로 매월 전문가 협의체(Committee)를 운영하여, 회사의 전략 방향과 사고 현황 공유, 안전경영 시스템의 실행 등을 실무적으로 공유함으로써 공통의 문제를 함께 해결하는 실제적인 협의체로 활용하였다.

실제 사업장별 소수의 전문 자격자들로 구성된 '전기안전 전문가 협의체', 신규 도입되는 환경 설비의 설계 적합성을 검토·승인하는 '환경 기술위원회', 식품이물 혼입을 예방하는 '이물 전문가 협의체' 등을 활발하게 운영하였다. 이를 통해 공통의 안전 기준, 사전안전성평가 기준의 신설 및 보강 등의 업무도 수행하여 안전 기술력(技術力)의 강화를 지속 추진하였다.

또한 고질적인 안전환경 이슈를 해결하기 위해 각 사업장 전문가로 TF를 구성하여 근본적인 원인 분석 및 신기술, 신설비 도입을 통해 두 번 다시 사고가 재발하지 않는 구조를 완성하였다. 뿐만 아니라, 참여한 구성원의 문제해결 역량이 향상되는 효과를 거두었다.

특히 업무에 대한 전문성 향상을 위해 산업안전기사, 전기안전기사, 소방안전기사 등 각종 자격증을 취득할 수 있는 기회를 제공하고, 취득 시 인센티브와 법적 수당을 지급함으로써 구성원으로 하여금 성취감을 느끼게 하고 개인의 업무 역량 향상을 꾀하고 있다.

안전영역의 최고 전문가를 양성하는 일은 안전경영의 아주 중요한 요소이다. 고질적 문제의 완전한 해결을 위한 중점과제를 정하고 해결해 나가는 과정을 통해 문제해결 역량과 안전담당자의 전문성 향상을 동시에 잡을 수 있다.

역량이라는 것은 어느 날 갑자기 하늘에서 떨어지지 않는다. 우리가 일상적으로 반복해서 실행하고 있는 업무를 반추해 보고, 효과가 없는 일은 없애고, 방법을 바꾸어 효과를 더 높여 나가는 변화를 계속 시도해 나가면, 그것이 쌓여 역량이 되는 것이다.

그런 의미에서의 변화관리는 우리의 일상이 되어야 한다. 우리가 하고 있는 방식의 편안함을 단호히 거절하고, 새로운 시도를 끊임없이 해봐야 한다.

## 3. 성공의 관건은 '지속가능한 시스템'
[지속 실행 가능한 안전경영 시스템]

안전경영의 핵심 요소인 'Top의 안전에 대한 확고한 의지와 방침', '안전 전문조직 구축과 자원의 할당'이 갖추어진 상태에서 지속적인 사고 예방을 위한 전략과 개선과제를 만들고 실행하기 위해서는 체계적이며, 일관성이 있는 지속가능한 시스템이 있어야 한다.

안전경영이란 사고를 근절하고, 구성원이 안전한 상태를 유지하는 모든 경영 활동을 의미한다. 경영 시스템에서 위험은 예방이 최선이나, 사고가 발생하지 않으면 경영자와 구성원 모두는 그 순간 안전하다고 생각한다. 그러나 사고가 발생하면 "왜? 위험을 사전에 예방하지 못하고, 사후대응에만 급급한가?"라고 비판을 제기한다.

나는 2014년 6월 그룹 안전경영실장을 맡게 되면서 업에 대한 전문성을 확보하기 위해 그 해 12월 산업안전기사 1급 자격증을 취득하였고, '안전경영 시스템(Risk Management)'을 마련하여 2015년부터 업무에 적용했다.

안전경영 제반 활동이 모든 것을 예방할 수 없기에 인식, 개선, 예방, 대응, 진단의 5단계 안전경영 시스템을 구축하고 실행함으로써 사고가 발생하지 않는 상태, 즉 무사고/무재해(Risk Zero)가 지속 가능하도록 업무를 추진해왔다. 특히, 안전은 다른 제조혁신과 달리 무엇보다도 작업 현장이 안전하게 유지되어 사고가 발생하지 않는 상태를 지속·유지하는 것이 가장 중요하며, 이것이 안전경영의 최종 목표가 되어야 한다.

안전사고 위험도는 제조 현장의 4M(Man, Machin, Material, Method)에 따라 변화하기 마련이며, 현장의 조직 문화도 큰 영향을 주기 때문에 각 구성원의 마인드셋, 안전경영 시스템 실행, 위기 상황대비 비상훈련의 상시 가동 등 지속 가능한 안전경영활동이 실행되어야 함을 다시 한번 강조한다.

안전경영 시스템은 인식>개선>예방>대응>진단의 사이클을 업그레이드해서 고도화하는 '지속가능한 시스템' 작업이다. 먼저 Risk Top 10이 개선되면 그 다음에는 리뷰하고 실행하면서 점점 더 좋은 시스템으로 발전해 나가는 과정이다. 더 자세한 내용은 5장 '안전으로 가는 다섯 계단'에서 꼼꼼히 살펴보도록 하자.

# Part 5

## 안전으로 가는 다섯 계단

안전경영 시스템(Risk Management)은 1단계 [인식], 2단계 [개선], 3단계 [예방], 4단계 [대응], 5단계 [진단]의 순환 사이클로 구성되어 운영되는 시스템이다. 기존 문제해결 프로세스 PDCA 사이클이나 DMAIC 절차 등을 종합하여 안전의 관점으로 일부 조정하였다. 이는 안전, 환경, 품질, 식품안전, 정보보안, 조직문화 등에서의 일련의 리스크를 근절하려는 시스템적 접근법을 기반으로 하고 있다.

‡ 안전경영 시스템

사업장에서 발생 가능한 위험을 사전에 인식하여 발생원인을 규명하고 방지대책을 실행하여 위험의 발생 확률을 지속적으로 낮추어 가는 위험관리체계이다.

## 1. 안전경영 시스템 1단계 [인식]

**인식 단계는 '반드시 막아야 할 핵심 Risk를 선정하여 집중 개선하고, 위험도를 현격하게 낮추는 활동'** 즉, 어떤 위험이 있는가를 아는 것이다. 업의 특성에 따라 사업장에서 발생될 수 있는 사고의 형태는 공통적인 것과 해당 사업장의 특정한 위험이 있을 수 있다.

화재, 추락, 끼임(협착), 환경오염/유해화학물질 누출, 음주운전 등의 사고는 모든 사업장에서 공통적으로 가져가야 할 위험요소다. 인식의 단계는 이러한 잠재된 위험요소를 인식하고 있는지 아닌지에 따라 그 대응 수준에 아주 많은 차이를 보인다.

**위험의 예방은 무엇이 위험한지를 인식하는 데서부터 시작된다.** 인식하지 못하는 위험은 그에 대한 아무런 조치도 취하지 않기 때문에 사전관리도 예방도 할 수가 없다. 따라서 사업장에서 발생 가능한 위험요소를 규정하고, 그것의 위험도를 평가하여 발생확률을 줄이기 위한 원인규명과 방지대책 수립이 첫 번째 단계인 '인식'의 단계이다.

인식 단계는 대내외 사건(통계 지표)을 반영하여 모든 사고를 정의하고, 이를 위험도로 평가하고 우선순위를 선정한다. 해당 사고의 파급력(심각도. S), 발생 가능성(빈도. O), 관리 수준(검출도. D)으로 구분하여 위험성 평가를 각각의 기준에 따라 산출하고 정량화하는 것이 우선이다.

이를 통하여 '중점관리 대상 Risk TOP10'을 선정하여 개선하고, 상시 예방관리를 통해서 시설 인프라를 강화한다. 혹시 사고가 발생하더라도 신속 대응하여 인명 피해를 최소화하고, 단시간에 복구함으로써 사업의 연속성을 확보할 수 있도록 하는 것이다. 너무 많으면 관리가 힘드니 10개 이하의 개선대상을 선정해서 완전히 해결하는 것이 지속 실행 가능하고 현실적이다.

구체적인 '위험성 평가(Risk Assessment)'를 위해서는 정량적인 수치 평가(RPN, Risk Priority Number)가 필요하다. 해당 사고에 대한 수준을 1~5점으로 구분하여 정량적으로 산출하고, 각 항목의 누적 점수를 계산한 후에 종합 위험도(RPN)를 파악하여 우선 순위를 선정하는 방식이다.

즉, Risk Top 10은 위험도 순으로 정한 10대 개선대상과제를 선정하는 일이며, 이렇게 정해진 과제는 그 발생 원인을 면밀히 분석하여 대책을 수립하고 실행함으로써 위험도를 저감시키는 것이다.

### ‡ 인식 단계

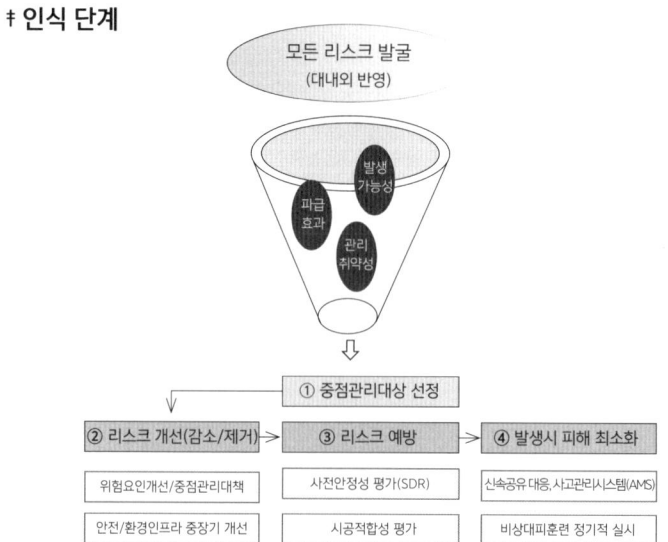

산업안전/환경안전 관점에서 '인식'의 단계를 진행 해보자.

## 1) 사업장내 발생된 사고와 외부에서 발생된 사고 중 사업장과 연관된 사고를 리스트 한다.

① 악취
② 분진폭발
③ 대형화재
④ 추락/충돌(산업재해)
⑤ 끼임(산업재해)
⑥ 전기사고(화재,감전,정전 등)
⑦ 폐수누출(환경사고)
⑧ 질식사고
⑨ 소음/근골격계 질환
⑩ 유해화학물질 누출 등...

## 2) 해당 위험/사고별 위험도를 평가한다.

리스크 유형별 강도, 빈도, 관리수준을 평가한 후 위험도를 계산한다.

| 순위 | Risk유형 | 강도 | 빈도 | 관리수준 | 위험도 |
|---|---|---|---|---|---|
| 1 | 악취 | 2 | 3 | 3 | 18 |
| 2 | 분진폭발 | 2 | 3 | 2 | 12 |
| 3 | 대형화재 | 5 | 5 | 3 | 75 |
| 4 | 추락/충돌(산업재해) | 3 | 3 | 3 | 27 |
| 5 | 끼임(산업재해) | 3 | 4 | 4 | 48 |
| 6 | 전기사고(화재,감전,정전) | 4 | 3 | 3 | 36 |
| 7 | 폐수누출(환경사고) | 3 | 2 | 3 | 18 |
| 8 | 질식사고 | 4 | 2 | 2 | 16 |
| 9 | 소음/근골격계 질환 | 2 | 3 | 2 | 12 |
| 10 | 유해화학물질 누출 | 2 | 3 | 2 | 12 |

*위험도 : (강도 빈도 관리수준)

■ 강도(재해 발생시 피해규모)

| 척도 | 사업 | 물적 | 인적 | 법규위반 |
|---|---|---|---|---|
| 1 | 중단없음 | 1천만원 이내 | 경미사고 | 공상처리 |
| 2 | 단위공정 중단 | 1억 미만 | 개월 이상 | 개선명령, 경고 |
| 3 | 단위 생산동 중단 | 1~10억미만 | 3개월 이상 + 2명 이상 | 과태료, 범칙금 |
| 4 | 단일 사업장 중단 | 10~50억미만 | 1명 사망 | 행정처분, 벌금 |
| 5 | 단위 생산동 중단+ 외부피해 | 50억 이상 | 2명 이상 사망 | 영업, 제조정지 |

■ 빈도(재해 발생 가능성)

| 척도 | 발생 빈도 |
|---|---|
| 1 | 10년에 1회 이상 발생 가능 |
| 2 | 5년에 1회 이상 발생 가능 |
| 3 | 3년에 1회 이상 발생 가능 |
| 4 | 1년에 3회 미만 발생 가능 |
| 5 | 1년에 3회 이상 발생 가능 |

■ 관리수준(리스크 관리 수준)

| 척도 | 관리수준 |
|---|---|
| 1 | 1관리체계 우수, 노후도 낮음(10년 미만), 관리조직 구성 100% |
| 2 | 관리체계 보통, 노후도 보통(10~15년 미만), 관리조직 구성 80% |
| 3 | 관리체계 미흡, 노후도 높음(15~20년 미만), 관리조직 구성 60% |
| 4 | 리체계 부재, 노후도 심각(20~30년 미만), 관리조직 구성 40% |
| 5 | 관리체계 부재, 노후도 매우 심각(30년 이상), 관리조직 구성 20% |

## 3) Risk Top 10을 선정한다.

위험도 평가 결과를 바탕으로 Risk Top 10을 선정한다.

| 순위 | Risk유형 | 강도 | 빈도 | 관리수준 | 위험도 |
|---|---|---|---|---|---|
| 1 | 대형화재 | 5 | 2 | 4 | 40 |
| 2 | 끼임(산업재해) | 3 | 4 | 3 | 36 |
| 3 | 전기사고(화재,감전,정전) | 4 | 2 | 3 | 24 |
| 4 | 추락/충돌(산업재해) | 3 | 3 | 2 | 18 |
| 5 | 악취 | 2 | 3 | 3 | 18 |
| 6 | 폐수누출(환경사고) | 3 | 2 | 3 | 18 |
| 7 | 질식사고 | 4 | 2 | 2 | 16 |
| 8 | 분진폭발 | 2 | 3 | 2 | 12 |
| 9 | 소음/근골격계 질환 | 2 | 3 | 2 | 12 |
| 10 | 유해화학물질 누출 | 2 | 3 | 2 | 12 |

*위험도 : (강도 빈도 관리수준)

## 4) 선정된 Risk Top 10 과제에 대한 대책을 수립한다.

도출된 Risk Top 10에 대한 개선대책을 각각 수립하며 단기과제는 즉시 (1년 내)개선하고, 중장기 과제는 Infra 투자에 반영한다. 단, 본문에서는 편의상 Risk Top 3에 대해 설명하고자 한다.

### (1) 대형화재

화재의 정의는 '불로 인한 재난'이다. 화재는 어디에서나 발생할 수 있다. 그러나 화재가 소규모로 종료되지 않고, 대형화재(큰 규모의 불로 인한 재난)로

번질 수 있는 상황은 다음 3가지 경우가 성립되었을 때다.

- 발화원 관리가 되지 않았을 경우
- 조기 감지 및 소화가 되지 않았을 경우
- 확산 방지가 되지 않았을 경우

발화원 관리가 제대로 되지 않아, 화재가 발생하더라도 조기 감지 및 소화설비가 있는 경우 화재를 조기에 진압할 수 있다. 하지만 조기 감지 및 소화가 되지 않을 경우, 화재는 확산될 수밖에 없다.

또한, 건축물이 확산이 잘 되지 않는 재질(불연성/난연성)로 되어 있을 경우 화재는 확산되지 않고 조기 진화가 될 수 있다. 하지만 반대로 건축물의 재질이 가연성(천막, 우레탄폼)이거나, 방화구획이 없는 구조로 되어 있을 경우, 화재는 점점 더 큰 규모로 확산될 수밖에 없다.

요약하자면 위 3가지 원인에 대한 Infra와 관리상태가 구축되지 않았을 때, 화재가 발생할 경우 '대형화재'로 확대될 수 있는 Risk가 커진다.

표로 보자면 다음과 같다.(O: 양호, X: 불량)

| NO | 대형화재 발생 가능성 | 발화원 | 조기감지/소화 | 확산방지 | 비고 |
|---|---|---|---|---|---|
| 1 | 매우 높음 | X | X | X | |
| 2 | 높음 | X | X | O | |
| 3 | 중간 | X | O | O | |
| 4 | 매우 낮음 | O | O | O | |

각 원인에 대한 구체적인 사례를 살펴보자.

## 가. 발화원 관리가 되지 않았을 경우

주변 또는 사업장에서 흔하게 볼 수 있는 발화원은 1) 담배꽁초 2) 공사 중의 불티발생(용접, 절단 등) 3) 전기 합선(과열) 4) 열발생/가열(유탕/직화설비) 5) 폭발 6) 실화 (失火)등 이다.

이 중 '전기 합선'으로 인한 사고사례 하나를 살펴보자.

지난 A 사업장 화재는 냉온수기 전선(발화원)이 칸막이(우레탄 판넬)를 관통하는 구조로 전기 합선으로 화재가 발생하였고, 우레탄 판넬이 가연물이 되어 화재가 확산된 것으로 발화원인 전선에 대한 보호관을 미 설치한 것이 문제였다.

## 나. 조기 감지 및 소화가 되지 않았을 경우

발화원 관리가 되지 않았을 때 조기에 감지하고 소화를 할 수 있어야 한다. 그러나, 장소별 특성(온도, 습도, 거리 등)에 맞는 감지장치가 적재적소에 설치되어 있지 않아 조기에 감지하지 못하고 화재가 발생했을 때 조기에 즉시 진압할 수 있는 소화장치가 없어 대형화재로 번지게 된다.

또한, 수신기 점검 미흡에 따른 잦은 비화재보가 발생하여 감지기를 빼두거나 수신반의 전원을 내려 실제 화재 발생 시 인지하지 못하여 결국 대형화재로 이어지는 경우가 많다.

지난 2016년 모 식당에서 고추장 삼겹살 조리 시 유증기가 과다하게 발생하여, 덕트 내 유성분이 달라 붙었고, 배기팬 출구쪽이 막히면서 덕트 내 온도가 상승, 이로 인해 고온의 유증기가 덕트 내 체류함에 따라 플래쉬 오버(Flashover. 화점 주위에서 화재가 서서히 진행하다가 어느 정도 시간이 경과함에 따라 대류와 복사현상에 의해 일정 공간 안에 있는 가연물이 발화점까지 가열되어 일순간에 걸쳐 동시 발화되는 현상) 현상으로 폭발 화재가 발생했다. 당시 덕트 내 온도를 감지하는 센서와 조기 소화설비가 없는 것이 문제로 지적된 바 있다.

### 다. 확산 방지가 되지 않았을 경우

조기 감지 및 조기 소화에 실패하게 되면 화재는 확산될 수 밖에 없는데 이때, 건축물의 외벽이 드라이비트, 스티로폼, 우레탄 판넬, 천막 등 연소하기 쉬운 가연물로 지어진 건물이거나, 방화구획을 불법 변경/증축하여 방화셔터가 작동하지 못하는 경우 또는 방화문이 상시 개방되어 있는 경우에는 화재확산 및 유독가스에 의한 인명피해는 피할 수 없다.

지난 2015년 130명의 사상자를 낸 의정부 아파트 화재는 필로티 구조의 1층 주차장 오토바이에서 시작된 불이 외벽을 타고 삽시간에 번진 사고로, 당시 불을 키운 건 외벽을 마감한 소재인 드라이비트였다. 드라이비트는 외벽 마감재로 스티로폼 같은 가연성 소재 위에 석고나 페인트를 덧바른 것으로 화재에 취약할 뿐만 아니라, 유독가스를 뿜어내는 치명적인 단점이 있다.

따라서 대형화재의 원인 3가지를 제거하고 통제하게 되면 대형화재의 가능성은 급격하게 낮아질 수 있다. 그렇기 때문에 대형화재에 대한 리스크에 대해 예방대책을 수립하려면 다음 3가지 관점으로 접근하여, 과제를 선정하고 개선을 진행해야 한다.

- 발화원의 철저한 관리
- 조기 감지 및 조기 소화 시스템의 구축
- 확산이 어려운 구조

| 구분 | 개선 과제 |
|---|---|
| 발화원 관리 | · 흡연장 설치 시 발화원 관리를 위한 기준 반영 설치<br>  - 3면 이상 막음, 실내 설치 시 밀폐구조, 상부 자동소화장치, 소화기 비치<br>  - 환기시설 및 재털이: 불연재질 선정<br>· 배관 무용접 공법 의무적용<br>  - 용접/용단 불꽃에 의한 발화원 발생 사전 차단<br>  - 적용 대상: 소방배관 등 식품 품질에 영향을 주지 않는 부위<br>· Fryer 및 가열설비 설치 시 화재예방 방호장치 설치<br>  - 유연제거장치 적용, 배기 연도는 2중 연도 적용 및 분해 청소 용이하도록 시공<br>· 폭발 위험에 대비한 방폭 예방 관리 기준 반영 설치<br>  - 주정(에틸알콜), 노말헥산 등 인화성물질 취급 시 감지기를 통한 모니터링<br>  - 분진 취급 시 퇴적하지 않도록 상시 청소 및 공정안전관리<br>  - Silo 등 폭발위험성 물질(분진 등)취급 시 설비상부에 폭발 방산구 및 집진시설설치<br>· 실화(失火)에 의한 화재발생 원인 제거<br>  - 작업 시 안전작업허가를 받은 자에 한해 화기 취급<br>  - 보안실 출입관리 철저, CCTV 감시를 통한 상시 모니터링<br>  - 휴동 및 비가동 시 시건장치 철저 |
| 조기 감지 및 소화 | · 작업자 비상주 장소: 가스계 자동소화설비 설치<br>  - 소공간 소화장치, 모듈러/패키지 타입, 질식위험 가스 적용 불가(CO2, HFC125 등)<br>· Fryer 및 가열설비 설치 시 화재예방 방호장치 설치<br>  - 연도에 실시간 온도 모니터링 설치, 연도 부위에 강화액 소화장치 설치<br>· 공장 내 위험개소 는 상시 모니터링이 가능하도록 CCTV 설치<br>  - 수배전실, 유해/위험물 취급시설, Fryer, 보일러실, 폐기물장, 냉동창고 등<br>· 장소별 특성(온도, 습도, 거리 등)에 맞는 감지장치 설치 및 비화재보 기록관리/조치<br>  - 냉동창고: 공기흡입형   - 물사용공정: 방수형<br>  - 분진발생공정: 방폭형   - 창고 및 통로: 불꽃감지기 등<br>  - 수신반 통합 모니터링 시스템: 감지기 작동 시 카카오톡으로 자동 문자 발송 |
| 확산 방지 | · 가연성 재질(천막, 스티로폼, 우레탄) 사용 금지<br>  - 외벽은 불연재(그라스울, 암면, 콘크리트 등)<br>  - 식품공정 내부 칸막이 및 냉동창고 패널은 준불연재(난연2급) 적용<br>· Fryer 및 가열설비 설치 시 화재예방 방호장치 설치<br>  - 천장 패널 접촉부 내장재 제거 후 불연재 충진(20cm 이상) 설치<br>· 가연성 내장재(우레탄폼 등)사용 금지: 결로 방지用 뿜칠은 난연우레탄 + 내화 적용<br>· 방화구획은 반드시 내화구조로 시공(각 국가 별 법적 기준 준수)<br>  - 방화셔터가 내려오는 하부에는 완전폐쇄가 될 수 있도록 상시 장애물 제거 및 관리<br>  - 셔터로 차단된 두 구획간에 사람이 탈출하거나 구조할 수 있는 방화문 설치<br>  - 흐름생산으로 인한 방화구획 완화 적용 불가<br>  - 발전기실 및 전기실 포함 모든 전선 관통부 화재확산 방지를 위한 불연재료 마감<br>· 제연설비 설치: 유독가스 외부 배출 및 피난경로에 연기가 침입되는 것을 방지 |

## (2) 끼임사고

끼임사고는 '기계의 움직이는 부분들 사이 또는 움직이는 부분과 고정 부분 사이에 신체 또는 신체의 일부분이 끼이거나, 물리거나, 말려 들어감으로 인해 발생되는 사고'로써 제조 사업장에서 가장 많이 발생하는 사고 유형이며, 다음 3가지 원인으로 발생한다.

### 가. 불안전한 상태에 노출
설비에 안전덮개가 없어 위험점이 그대로 노출되어 있거나, 인터록 장치가 없는 경우를 말하는 것으로 칼날 등 절단점이 노출된 설비에 안전덮개가 없어서 신체가 들어갈 수 있는 구조, 컨베이어나 자동화 설비에 안전 펜스가 설치되지 않아서 접근할 수 있는 구조, 그리고 수작업으로 고온의 열을 이용한 실링 작업 시 화상 사고에 그대로 노출되는 경우가 이에 해당한다.

### 나. 불안전한 상태와 불안전한 행동의 결합
설비의 불안전한 상태에서 작업자가 불안전한 행동을 하는 경우로써 설비 작동 중에 작업자가 설비를 정지하지 않고 설비의 작업 반경 안으로 손을 넣는 행위를 하거나, 설비 트러블 발생시 작업자가 작업도구를 사용하지 않고, 무의식적으로 가동중인 설비에 신체를 접촉하는 경우, 그리고 설비 정지 후, 트러블을 조치하는 상황에서 다른 사람이 설비 전원을 넣는 경우 등이 있다.

### 다. 불안전한 행동
작업자가 안전장치를 임의 해제하거나 무시하는 경우로써 작업자가 인터록을 임의로 해제하고 위험설비에 접근하는 경우 또는 설비 안전펜스가 있는 상황에서 작업자가 펜스 위/아래/관통부를 통해 설비를 접촉하는 경우 등이 있다.

위 원인을 고려한 끼임 사고를 예방하기 위해서는 다음 3가지 원칙에 따라 개선과제를 수립해야 한다.

- 1원칙: 가동중인 설비에 접촉, 진입 절대 금지한다.
- 2원칙: 작업 시 설비가동 중지(설비 트러블 조치 시 반드시 전원 off 후 작업)
- 3원칙: 작업용 도구 사용 생활화(설비 개선 전까지는 작업도구 사용)

| 구분 | 설명 | 개선과제 |
|---|---|---|
| 1원칙 | 가동 중 불가피 입수 작업/공정/설비 최종적으로 입수가 불가능하도록 설비 개선 (최종 목표) | · 모든 안전커버는 입수가 불가능한 구조로 설치<br>· 가동 중 불가피 입수, 밀폐불가, 작업 시 접근해야만 하는 구조<br>- 에어리어 센서로 위험점 접근 시 정지<br>· 인칭(촌동) 스위치를 양수조작식으로 설치하여 작업 중 연속 가동 방지<br>· 센서의 고장 발생 시 설비가 가동되지 않는 구조로 근원적 예방 설계(Temper proof) 하고 Spare part list 관리 철저 |
| 2원칙 | 설비 트러블 조치 시 반드시 전원 off 후 작업 | · 설비 정지 전, 방호커버 개방 불가 구조 적용<br>- 부하 감지식, TIME제어식, RPM감지식<br>· 2인 1조 작업 시 Lock out, Tag out 하여 보전원과 운전원 사이에 신호체계 오류에 의한 사고를 원천적으로 차단 |
| 3원칙 | 설비 개선 전까지는 작업도구 사용 | · 트러블 해결에 적합한 치공구 자체 개발<br>- 치공구 콘테스트, 개선여행 활동, 분임조 활동, 안전 Idea 시상제도 등 |

## (3) 전기사고(화재, 감전)

전기는 눈에 보이지 않고, 색깔도 없으며, 소리도 없고, 냄새도 없다. 이러한 특징 때문에 재해가 발생하기 전까지는 위험을 감지하기 어려우며, 전기에 의해 발생하는 사고는 다음 2가지로 구분 할 수 있다.

### 가. 전기화재

전기 에너지가 점화원이 되어 발생하는 화재로써 전기화재의 가장 큰 원인은 노후 된 전기배선 및 조명장치나 콘센트 등 접속기구 내에서의 단락(쇼트, 합선)으로 대형화재 관점(발화원 관리, 조기 감지 및 소화, 확산방지)과 동일한 관점으로 접근한다.

‡ 전기화재 발화 형태별 현황

| 구분 | 계 | 절연열화에 의한 단락 | 트래킹에 의한 단락 | 압착손상에 의한 단락 | 층간 단락 | 미확인 단락 | 과부하 | 누전지락 | 접촉불량 | 기타 |
|---|---|---|---|---|---|---|---|---|---|---|
| 전기화재 | 7,760 | 1,951 | 775 | 529 | 94 | 1,819 | 793 | 304 | 748 | 747 |
| 구성비(%) | 100 | 25.1 | 10.0 | 6.8 | 1.2 | 23.4 | 10.2 | 3.9 | 9.6 | 9.6 |

| 구분 | 개선 과제 |
|---|---|
| 발화원 관리 | · 물 사용 장소의 전기기계/기구에는 누전차단기 설치 |
| | · 한 개의 분전반에는 한 가지 전원만 공급(절연격벽 설치 시 가능) |
| | · 수배전실, 분전반 열가소성수지(ABS) 사용금지 |
| | · 배기 시스템(일반 환풍기) 설치 시 플라스틱 재질 사용 금지(철 재질 시공) |
| 조기 감지 및 소화 | · 24시간 모니터링 감시가 가능한 장소에 ELD(누전경보기) 시스템 구축 |
| | · Cable 트레이 덕트 온도 상승 사전 감지 모니터링 시스템 구축(광센서) |
| | · 특고압, 고압 큐비클 내부 열화상 측정 카메라 및 모니터링 시스템 구축 |
| | · 소공간 소화장치 설치(수배전 설비,동력패널, 옥외 관리 취약구역 등) |
| 확산 방지 | · 자동소화 멀티콘센트 설치(매립형, 노출형, 매입 방적형, 멀티탭 등) |
| | · 전등, 전열기, 냉장/냉동 창고 유닛쿨러 히팅라인에는 아크 차단기 시공 |
| | · 판넬 및 벽체의 전선 관통부는 금속관 시공 후 불연재 마감 |
| | · 지하 전력구에는 자동소화설비 및 준불연 조치 |
| | · 자동 소화 '방화포 및 방화테이프' 시공<br>  – 전기판넬 밀집구역, 메인 동력판넬, 중천장 케이블 인입부 外 |

## 나. 감전

사람의 몸을 통해 전기가 흐르는 현상으로 태풍이나 집중호우 등 장마철에 가장 많이 발생하는 전기재해가 바로 감전이다. 사업장의 경우 특히 전기공사 보수나 기계설비 보수 시, 핸드 그라인더나 전기드릴 등 전동공구 작업 중 감전이 많이 일어나며 발생 형태에 따라 다음과 같이 3가지 유형으로 구분한다. 이러한 감전을 예방하기 위해서는 감전될 수 있는 부위를 절대 차단하는 설계적 예방 관점으로 접근한다.

## ✝ 감전사고

❶ 충전부 양단간의 접촉　❷ 충전부와 대지 사이의 접촉　❸ 누전부위의 접촉

| 구분 | 개선 과제 |
|---|---|
| 감전 | · 제어판넬 도어 Open시 차단기 OFF후 열림 구조 방식: 임의 접촉 방지 |
| | · 부스바 등 도전체 노출부는 막음조치: 폴리카보네이트(PC), 그 이상의 강도 및 난연 성능을 갖는 재질 사용 |
| | · 물 사용 공정 설비에는 중감도형 누전차단기 설치, 외함접지 필수 |
| | · 물 사용 현장은 방수형 또는 커버형 설치 |
| | · 모든 설비 및 부속시설 접지 연결<br>: 접지선의 색상은 녹색 또는 녹/황색 혼용 전선만 사용 |
| | · 저압 / 고압 / 특고압 전원판넬별 안전 표지 및 조작 금지 표지 부착 |
| | · 수배전반(고압, 특고압) 케이블 타이는 금속제 케이블 타이 사용 금지<br>: 합선(단락)사고 예방 위한 플라스틱 또는 클램프 시공 |

## 5) 매년 과제 수행 후 위험도에 대해 재평가를 한다.

Risk TOP10에 대해서는 반기 1회(6개월 정도) 위험도가 감소하였는지를 리뷰하고 평가할 필요가 있다. 이때는 개선이 완료된 과제에 대해 확실하게 파급력(S), 발생빈도(O), 관리수준(D) 3가지 항목에 대해 엄격한 위험도 평가를 통해 리스크의 개선 효과를 판단하게 된다.

| 순위 | Risk유형 | 개선 전 | | | | 개선 후 | | | |
|---|---|---|---|---|---|---|---|---|---|
| | | 강도 | 빈도 | 관리수준 | 위험도 | 강도 | 빈도 | 관리수준 | 위험도 |
| 1 | 대형화재 | 5 | 2 | 4 | 40 | 5 | 2 | 2 | 20 |
| 2 | 끼임(산업재해) | 3 | 4 | 3 | 36 | 3 | 3 | 2 | 18 |
| 3 | 전기사고(화재, 감전, 정전) | 4 | 2 | 3 | 24 | 4 | 2 | 2 | 16 |
| 4 | 추락/충돌(산업재해) | 3 | 3 | 2 | 18 | 3 | 3 | 1 | 9 |
| 5 | 악취 | 2 | 3 | 3 | 18 | 2 | 2 | 3 | 12 |

### Case study 1) 방송채널 송출 회사(2~3층)와 1층 식당가(화재감지장치)

2014년 6월 그룹 안전경영실장을 맡은 후 분당에 있는 모 회사를 방문한 적이 있다. 상가 건물 2, 3층에 자리잡은 이 회사는 50여 개 방송채널을 송출하는 곳이다. 그런데 육안으로 봐도 1층 식당가에서 불이 나면 대형 방송사고가 날 것이 분명했다.

"방송채널 송출 시스템이 안전하다고 보십니까?"
"네. 지금까지 아무런 사고 없이 잘 유지되고 있어서 그다지 위험요소를 찾을 수가 없습니다."
"만약 1층에서 화재가 발생한다면 어떻게 할지 대비책은 마련해 놨습니까?"

"……"

책임자는 말을 잇지 못했다. 그도 거기까지는 생각을 하지 못한 것이다. 그냥 사고가 없으면 사람들은 안전하다고 느낀다. 분명 주변 상황이 심각함에도 애써 신경 쓰려고 하지 않고 눈 앞의 것만 본다. 만약 불이 나서 방송 장비가 소실되면 최소 6개월 동안 방송송출이 중단되는 상황이다. 그룹의 사활이 걸린 문제일 수도 있었다.

그날 이후로 책임자는 밤에 불안해서 잠을 못 이뤘다고 한다. 모르는 게 약이고, 아는 것이 병이 된 케이스다. 하지만 이 경우에는 아는 것이 약이고, 모르는 것이 독이 된다. 유사한 화재사고 리스트를 보여주니 그제서야 안전장치를 마련해달라고 매달렸다.

화재 위험이 높은 1층 상가 식당의 전기배선부터 덕트공사까지 점검을 하고, 화재가 발생하여도 2층으로 확산이 어려운 구조로 개선하고, 소방서에 바로 비상연락이 되게끔 감지장치를 설치했다. 그제서야 책임자는 발을 뻗고 잠을 잘 수 있었다고 한다.

> **Tip** 옛 속담에 '소 잃고 외양간 고친다'라는 말이 있다. 본 사례는 건물 구조에 대한 위험성(1층 식당가 화재 위험)을 경영자가 인식한 후, 내·외부 전문가 진단을 통해 근본적인 문제점을 도출, 화재 리스크에 대한 안전경영 시스템(인식-개선-예방-대응-진단)을 구축함으로써 사업의 영속성을 마련한 케이스로 '소 잃기 전 외양간을 고친' 사례가 아닐까 한다.

## 2. 안전경영 시스템 2단계 [개선]

개선 단계는 '인식을 통해서 개선의 우선순위로 정해진 불안전 요소를 체계적으로 원인을 분석하고, 근본적인 재발방지를 위한 대책을 세워서 강력하게 실행하는 경영자·리더 중심의 현장 활동'이다. 사고 예방을 위한 대책이 세워져 있다 하더라도 그 대책을 시행하기 위한 의사결정과 자원의 할당, 그리고 관련부서의 협조가 있어야 한다.

개선은 인식 단계에서 도출된 Risk Top 10을 해결하기 위한 '현장 활동'으로 리더(CEO, 공장장)가 매월 또는 매주 정기적으로 **그룹 안전의 날 또는 RM Day, 산업안전보건위원회** 등을 통해 리스크를 직접 눈으로 확인하고, 현장에서 신속한 의사결정으로 리스크를 개선하는 것이다.

### 1) 그룹 안전의 날

지난 2014년 6월 그룹 안전경영실 신설 이후 매월 첫째 주 화요일 '그룹 안전의 날'을 운영하여 2017년까지 진행하였다. 각 계열사의 CEO가 직접 현장을 방문하여 리스크를 눈으로 직접 확인하고, 의사결정을 내림으로써 잠재되어 있거나 노출된 리스크를 신속히 개선하는 활동을 꾸준히 전개하여 수백여건의 리스크를 해결한 바 있다.

주요 개선 사례로는 **사업장 건물 석면 제로화 및 가연성 판넬 설치, 우레탄 폼 불연화 및 천막창고 제거, 다중이용시설 자동화재 조기경보시스템 구축**, 피난시뮬레이션 도입 및 피난 대피유도선 개선, 통합비상방송시스템 도입 등이 있다.

## 2) RM Day(Risk Management Day)

제조 사업장은 기존의 '현장 안전점검의 날'을 보완한 'RM Day' 활동을 매주 화요일 사업장 자체적(공장장, 각 부서장, 안전환경팀장, 안전환경담당 등이 참여)으로 Risk Top 10 과제에 대한 진행사항을 점검하고, 현장을 직접 방문하여 발굴된 리스크에 대해 공장장의 의사결정(개선방향, 투자반영 등)을 진행하고 있다.

✝ **RM Day**(Risk Management Day)
Risk Top 10과제 점검, 현장 점검을 통한 잠재 리스크 발굴, 의사결정 진행

모 사업장의 RM Day 활동을 통해 어떻게 리스크 개선을 하고 있는지 사례를 살펴보자.

### 가. 운영주기
매월 2, 4주차 화요일은 안전환경 리스크를 주제로 RM Day를 운영하며, 1주차 화요일은 식품안전, 3주차 화요일은 조직문화를 주제로 회의를 진행하며, 각각의 안건에 대한 자료 준비는 해당부서(안전환경팀, 품질팀, 지원팀)에서 진행한다.

## 나. 운영내용

Risk Top 10개선과제부터 현장점검까지 총 4가지 안건에 대한 리뷰 및 의사결정을 통해 사업장의 안전환경 리스크에 대해 점검한다.

### ① Risk Top 10 개선 현황

Risk Top 10 해결을 위한 추진과제에 대한 진척사항을 공유한다.

| Risk Top | 추진과제 | 계획 | 완료 | 비고 |
|---|---|---|---|---|
| 대형화재 | 1.가열설비 화재예방<br>2.천막창고 제거<br>3.자동소화설비 설치 | 10 | 7 | |
| 끼임 | 4.공정별 끼임 Risk 개선 | 16 | 14 | |
| 전기사고<br>(화재,감전) | 5.전기 케이블/콘센트 교체 | 4 | 2 | |
| 추락/충돌 | 6.작업장내 넘어짐<br>7.차량 충돌(지게차/화물차) | 3 | 1 | |
| 환경(악취/누출) | 8.폐수처리장 노후화 개선<br>9.악취민원 Risk 개선 | 4 | 3 | |
| 합계 | | 37 | 27 | |

### ② 조직장 의사결정사항

조직장 현장 점검 시 도출된 안건에 대한 진행사항을 공유함으로써 과제의 완성도를 높인다.

| 구분 | 의사결정총건수 | 완료 | 진행중 | Drop | 개선율 |
|---|---|---|---|---|---|
| 의사결정 | 22 | 21 | 1 | - | 95% |

### ③ 안전환경 투자 리스트 현황

당해 년도 리스크 개선을 위한 투자에 대한 진척도를 공유한다.

| No | 투자명 | 예산(억원) | 진행현황 | | 개선율 |
|---|---|---|---|---|---|
| | | | 진행중 | Drop | 개선율 |
| 1 | 폐수처리장 폭기조 개선 | 0.6 | 1월 | 4월 | 완료 |
| 2 | 1인 작업장 CCTV 설치 | 0.2 | 4월 | - | |
| 3 | 가연성 판넬 교체 | 0.5 | 5월 | 6월 | 완료 |
| 4 | 자동소화장치 설치 | 0.1 | 7월 | - | |
| 5 | 오일 미스트 캐처 설치 | 0.8 | 7월 | 10월 | 완료 |

### ④ 현장 점검 및 의사결정사항

조직장과 함께 현장을 직접 방문하여 이슈를 확인하고, 의사결정을 추진한다.

| 구분 | 내용 |
|---|---|
| 현황 및 문제점 | 현장 내부 가연성 스티로폼 판넬 및 사무동/창고 드라이비트 재질로 인한 화재 확산 위험 高 |
| 개선대책 | ■ 가연성 스티로폼 판넬 지속적 교체(3개년)<br>　불연 그라스울 판넬 시공<br>■ 드라이비트 불연재질 보강 또는 제거<br>　알루미늄 시트(불연재) 시공 |

## 3) 산업안전보건위원회

제조 사업장은 매월 근로자위원(근로자 대표, 위원 등) 및 사용자위원(공장장, 안전보건관리자 등)이 한자리에 모여 사업장의 안전보건에 관한 중요사항을 심의·의결 하는 산업안전보건위원회를 진행하고 있다.

현재 산업안전보건위원회에 참석하는 근로자는 노측의 경우 근로자 대표와 관리 감독자(직장)이며, 사측은 공장장, 부서장, 안전/보건관리자 이다. 또한, 사내 협력사 대표도 협의체에 참여하여 모니터링 결과 및 자체 안건을 협의하는 장으로 활용하고 있다.

‡ **산업안전보건위원회 조직**

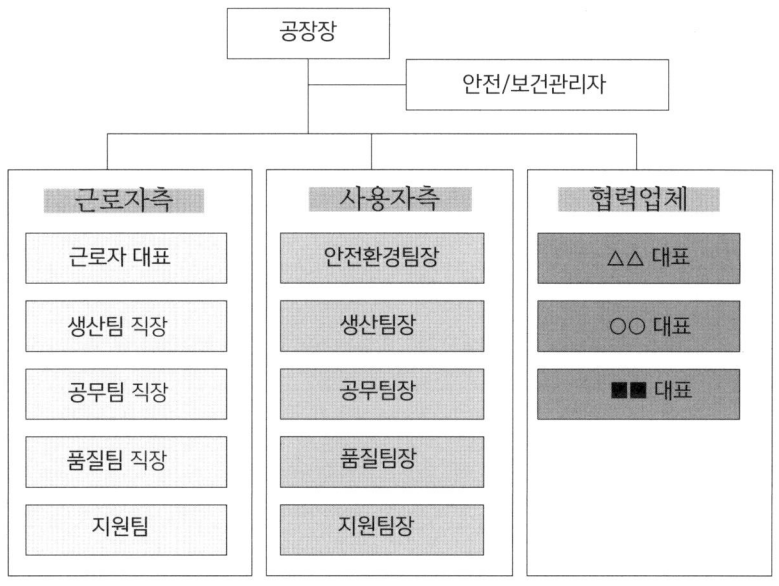

근로자의 참여와 협의를 원칙으로 첫째, 법규 준수사항, 둘째, 사규(안전보건관리규정 등) 준수사항, 셋째, 내외부 이해관계자의 요구사항에 대한 모니터링 결과를 확인, 협의하며, 궁극적으로는 안전보건경영시스템의 의도된 결과(안전보건 성과의 지속적 개선 및 목표의 달성과 법적 및 그 밖의 요구사항의 준수)를 달성하기 위한 의사소통 활동이다.

## ✝ 주요 안건

- 산업재해예방 계획 수립
- 안전보건관리규정의 작성 및 변경사항
- 근로자의 안전보건교육에 관한 사항
- 작업환경측정 등 작업환경의 점검 및 개선에 관한 사항,
- 근로자의 건강검진 등 건강관리에 관한 사항
- 중대재해의 원인조사 및 재발 방지대책 수립에 관한 사항
- 산업재해에 관한 통계의 기록 및 유지에 관한 사항
- 유해하거나 위험한 기계기구와 그 밖의 설비를 도입한 경우 안전보건조치에 관한 사항
- 그 밖에 해당 사업장 근로자의 안전 및 보건을 유지·증진시키기 위하여 필요한 사항
- 사업장 Risk 10 개선 진행사항 및 RM Day 의사결정 사항 등에 대한 공유

물론 협력사의 경우, 매월 단위로 사업장 내 주관부서와 '협력사 안전보건회의'를 실시하여 부문별 안전보건 유해위험요인 개선을 위한 활동을 별도로 운영하고 있다.

> **Tip. 2단계 개선의 핵심은 경영자의 직접 참여를 통한 빠른 의사결정과 안전제일의 조직문화를 만들어 가는 것이다.**

# 3. 안전경영 시스템 3단계 [예방]

예방 단계는 '기존 사업의 확장, 신규 사업의 매장, 공장 신설 시 기존 리스크의 확산을 통제하기 위한 활동'으로 설계 기준에 관한 것이다. 새로운 시설을 짓거나 공장을 신설할 때 설계단계에서 안전을 확보하기 위해 그 기준을 엄격하게 세워서 지키게 하는 것이 바로 예방이며, 이를 위한 운영시스템이 바로 사전안전성 평가(SDR, Safety Design Review)이다.

사전안전성 평가는 현존하는 리스크 개선을 통해 수립된 기준을 설계 단계에서 반영함으로써 미래에 예상되는 리스크를 사전 예방하는 것이다.

⸸ 사전안전성 평가

즉 기존 공장의 안전환경 리스크를 신규 공장과 설비에는 반복 발생되지 않도록 사전에 검증하는 운영 시스템으로 설계 단계에서 사전안전성 평

가 설계 기준을 반영하고, 공장 구축 전 중간단계에서 중간적합성 평가, 공장 가동 전 시공적합성 평가를 실시한다.

## 1) 설계 기준 수립

대내외 사고 사례(AMS, Accident Management System), SDR Review, 선진 기술 및 동향 등의 분석을 통해 설계 기준안을 도출한 뒤 사전안전성 평가 담당자 및 안전환경팀 등 유관부서가 참석하는 심의위원회(반기 1회)를 통해 승인을 하고, 최종 경영진 의사결정을 통해 확정한다.

지난 2014년 4월 사전안전성 평가(SDR) 최초 도입 시 설계 기준은 30건(안전 15, 건축 8, 공사관리 4, 소방 3)이었으나, 지속적인 고도화를 통해 2022년 기준 270건을 적용 중에 있다.

| 구분 | 세부 분야 | 비고 |
|---|---|---|
| 공사안전 | 안전관리 조직구성, 공사운영관리, 현장관리 외 | |
| 화재안전 | 건축자재, 경보설비, 소화설비, 피난, 위험물 외 | |
| 산업안전 | 가스, 배관, 방호장치, 설비안전, 작업환경 외 | |
| 전기안전 | 전기자재, 감전 예방, 모니터링 외 | |
| 환경안전 | 대기, 수질, 폐기물, 소음진동, 유해화학물질, 악취 외 | |

† **사전안전성 평가 설계 기준**

이 중 앞에서 도출된 Risk Top 3에 해당하는 주요 설계 기준을 자세히 설명하고자 한다.

| NO | Risk유형 | | 주요 사전안전성평가 설계기준 |
|---|---|---|---|
| 1 | 대형화재 | 발화원 | 흡연시설, 배관 시공 무용접 공법, 조명기구(LED) |
| 2 | | 조기감지 | 화재감지기, 비상방송시설, Fryer및 가열설비 방호장치, 양방향 피난로 확보 |
| 3 | | 화재확산 | 가연성 재질 사용금지, 스프링쿨러, 방화구획 |
| 4 | 끼임 | No touch | 안전커버 및 인터록, 치공구, 비상정지장치, Lock out/Tag out |
| 5 | 전기사고 | 화재 | 방화포, 소공간 소화장치, 아크차단기, 열화상 측정 카메라 |
| 6 | | 감전 | 누전차단기, 자동소화 멀티 콘센트 |

## (1) 대형화재_ 발화원 관리

가장 먼저 대형화재 예방을 위한 **발화원** 관리 사례로 **첫째 흡연시설, 둘째 배관 시공 무용접 공법, 셋째 조명기구**(LED) 등 이다.

### 가. 흡연시설

담배꽁초에 의한 화재예방을 위해서는 지정된 장소에서만 흡연을 하거나 공장 내 절대 금연을 실시하여야 한다. 다만, 공장 내 금연을 실시하면 몇몇 사람들은 숨어서 담배를 피우게 되는데 그게 오히려 더 위험할 수 있다. 금연 사업장의 화장실이나 구석진 사각지대에서 담배꽁초가 발견되는 이유이다.

완벽히 통제가 안 된다면 차라리 지정 흡연장을 설치하고 흡연장내에 관리수준을 안전하게 만드는 게 더 유효한 대책이 될 수 있다. 그리고 흡연장을 설치할 때는 설치위치, 구조/재질 및 기타 흡연관리시설 비치 등의 기준을 마련하고 안전하게 운영하는 것이 중요하다.

‡ **사업장 內 지정 흡연시설 및 화재예방을 위한 관리시설 설치**

| NO | 29-건축 | 흡연장 설치 시 안전기준 준수 |
|---|---|---|
| As is (Risk 내용) | | 공장 내 흡연시설 미흡으로 인한 담뱃불 화재 발생 우려 |
| To be (SDR 설계기준) | | 옥외 설치 시 건축물 입구와 10m 이상, 건/구축물과 3m이상 이격<br>3면 이상 막힘구조, 출입문 설치 시 폭 80cm 이상<br>내/외부 및 출입문은 불연재질 적용<br>기타 흡연관련 시설 설치 및 비치 |

[흡연장]

## 나. 배관 시공 무용접 공법

발화원 관리를 위해 불티 방지포, 소화기 비치, 화기 감시자 등의 의무 조항을 만들어 관리하고 있으나, 현장에서 잘 지켜지지 않아 화재로 발생하는 경우가 많다. 매번 잘 지켜지지 않는 불티 감시에 대한 지적만 되풀이 해서는 지속적인 발화원 관리는 유지 될 수 없기 때문이다.

이런 경우 화재발생 확률을 줄이기 위한 대책은 **'무용접 공법'을 의무화** 하는 것이다. 공사 현장에서 배관공사 시 주로 용접을 하니 무용접 공법을 도입하면, 용접작업개소가 획기적으로 줄어 불꽃에 의한 화재발생 원인을 줄 일 수 있다.

이런 원칙은 경영자가 확실한 의사결정을 해주어야 한다. 초기 설치 비용은 높지만 유지 보수까지 감안 시 원가도 기존 작업과 비슷하므로 안전한 공법을 선택하는 것이 바로 근본적인 대책이 되는 것이다. 참고로 미국이나 유럽 등 선진국가에서는 이미 무용접 공법이 보편화 되어 공사일정 단축 및 공사 중 화재위험성을 현저히 낮추고 있다.

‡ 공사 중 화재발생 확률을 줄이기 위해 배관 시공은 무용접 공법 적용

| NO | 52-배관 | 모든 배관 시공은 무용접 공법 적용 (필수) |
|---|---|---|
| As is (Risk 내용) | | 산업현장에서 지속적으로 발생되는 화재사고의 주요 원인인 용접작업에 대한 최소화 대책 필요 대두 |
| To be (SDR 설계기준) | | 냉/난방용 水 배관, 냉/온수 배관, 급/배수 배관, 오수/우수 배관, 소방배관 등 무용접 공법 적용<br>사전검토: 부식성 물질 취급(적정 조인트/패킹 적용)<br>제외: 식품공정 재료 취급 배관(위생문제) 및 유해위험물질 취급배관(누출 리스크 高) |

● 무용접 배관 체결 방식 비교
①프레스 피팅 ②락 피팅 ③스웨징 피팅
※ '무용접 메가 커플러'는 가장 완벽한 용접 대체 배관 연결기술입니다.

프레스 피팅
- 고무링을 이용한 밀폐구조
- 고무 경화로 인한 누수 위험
- 얇은 피팅 바디
- 저압에서만 사용 가능

락 피팅(메털 타입)
- 나사를 이용한 체결
- 나사 풀림 취약 및 시공 품질 불균일
- 소구경 튜브 적용
- 대구경 배관 적용 불가

스웨징 피팅(자사 기술)
- 프레스링을 이용한 강성 보강
- 실링 부를 보강하여 우수한 기계적 결합
- 금속 대 금속 이중 실링 구조
- 100% 기밀 및 영구 체결 가능

[무용접 공법]

## 다. 조명기구(LED)

산업현장에는 여러 종류의 조명기구가 설치되어 있으나 이중 고열을 발생하는 조명기구는 램프 파열로 인해 화재발생이 지속 발생되고 있고, 사업장에서도 유사한 화재사고가 있어 이런 사고의 근원적 발생방지를 위해 고열을 발생하는 조명기구는 설치하지 못하도록 하는 기준을 마련하여 화재 발화원을 줄일 수 있다.

‡ 모든 조명시설을 고열이 발생되지 않는 LED 등기구 설치

| NO | 138-전기 | 조명시설은 고열발생이 되지 않는 조명기구 설치 |
|---|---|---|
| As is (Risk 내용) | | 고열발생 조명기구(메탈등, 나트륨등)사용 시 램프 파열로 인한 화재발생 위험성 상존 |
| To be (SDR 설계기준) | | 조명기구는 LED로 시공<br>방폭지역은 방폭형 조명기구 설치 적용<br><br>[LED 등기구]<br>LED 직관등<br>용도 : 기존의 형광등 PIN 타입의 대체용<br>사용장소 : 사무실, 공장, 상가건물, 가정집 |

## (2) 대형화재_ 조기감지

대형화재 예방을 위한 **조기감지** 사례로 **첫째 화재 감지기, 둘째 비상방송시설, 셋째 Fryer 및 가열설비 방호장치, 넷째 양방향 피난로 확보** 등이다.

### 가. 화재 감지기

대형 레스토랑, 영화관 같은 사람이 많은 곳에서의 화재는 대형 인명피해의 가능성이 높은 곳인데 반해, 그 예방책은 위험의 인식 정도에 따라 관리수준의 차이가 많이 난다.

다중이용시설이 입점 된 곳은 대체적으로 복합 건물이거나 대형 쇼핑센터 등으로 사람이 많이 모이는 장소가 대부분이다. 특히 그런 곳에는 푸드코트가 입점 되어 있어 화기를 사용하는 점포가 여러 군데 있지만, 대부분 소형 점포인지라 화재 예방에 대한 관심이 부족하거나 전문성이 부족해서 화재 발생의 확률이 높다.

이런 불안전한 상황이 가져올 대형재해에 대한 인식이 부족하고, 그런 책임이 해당 점포에 있다고 판단해서 "자신들만 잘하면 된다"는 생각이 지배적이다. 그런데 막상 작은 점포라도 화재가 발생하면 순식간에 유독가스가 확산되기 때문에 결국 많은 고객이 있는 다중이용시설에서 치명적인 중대재해가 발생될 확률은 높아진다.

그 이유는 우리나라의 대다수 대형 복합건물의 경우, 화재 감지기의 잦은 에러 때문에 일정 시간이 지나면 종합 방재실에서 경고음을 무시하거나 아예 꺼두는 곳이 많기 때문이다. 수 많은 에러 중 하나라도 진짜였다면 제때 대응을 못해 대형피해가 발생할 수 있다는 위험을 인식한다면 그에 대한 대책을 수립할 수 있다.

모 그룹의 영화관은 '자동화재 조기경보 시스템' 구축을 통하여 화재발생 시 조기감지를 통해 고객 대피시간 확보 및 초기 화재진압으로 인명과 재산피해를 최소화 하고 있다. 자동화재 조기경보 시스템은 건물에 설치되어 있는 자동화재 탐지설비와 연동하여 화재 상황을 자동으로 담당자(최대 10인)에게 송수신하는 시스템이다.

‡ **자동화재 조기경보 시스템**

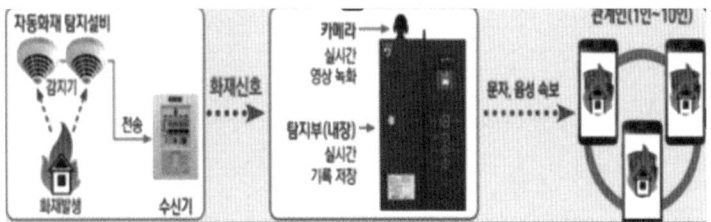

지난 2015년 이후 건물 내 방재실이 취약하거나 고층에 위치한 영화관 우선으로 순차 진행을 하였으며, 신규 영화관의 경우 사전안전성 평가 항목에 반영하여 운영 중에 있다. 2021년 여주의 대형 창고에서의 화재도 결국 잦은 에러 감지가 만들어낸 '늑대가 나타났다'의 전형적인 사례다.

화재 감지기의 에러를 개선하는 업계의 노력은 지속되어야 하고, 그때까지는 비록 에러 신호라 하더라도 제대로 확인하고 대응하는 시스템을 갖추고 실행하는 것이 필요하다. 특히 고객이 밀집되는 대형 매장에는 법의 기준을 넘어서 고객의 안전을 반드시 확보하겠다는 진정성 있는 예방 인프라와 관리 시스템이 꼭 실행되어야 한다.

또한 산업현장에도 화재 발생 시 조기감지가 되지 않아 화재가 확산되는 사례가 많으며, 특히 냉동창고나 반자부위 등은 법적으로 감지기 설치기준이 제외되는 곳으로 화재발생 시 초기대응이 늦어 지면서 대형화재로 확대되는 경향이 있다. 이런 대형화재를 예방하기 위해 법적 기준보다 엄격한 기준을 마련하여 설계에 반영하는 것이 매우 중요하다.

### ǂ 구획된 모든 장소(현장, 반자부, 냉동창고 등)에 화재감지기 설치

| NO | 32-소방 | 공장 내 구획된 모든 장소 화재감지기 설치<br>(반자부 내부 점화원 있는 경우 연기감지기 추가 설치) |
|---|---|---|
| As is (Risk 내용) | | 반자부위 각종 전기선로 및 전등이 설치되어 있고, 반자부 내부에서의 공사가 이루어지고 있어 화재 발생 위험성이 있고, 상시 모니터링이 어려움 |
| To be<br>(SDR 설계기준) | | 해당 국가의 법적 기준을 충족하고 성능위주 설계로 화재감지기 설치 (단, 화재감지기 설치 제외가 승인된 경우 해당장소 제외 허용)<br>냉동창고 내부 화재감지기(공기흡입형)설치 |

감지기의 종류

[화재감지기]

**비상방송 시설**

화재발생 시 인명피해를 최소화 하기 위해서는 무엇보다도 화재발생 사실을 빨리 알려 신속히 피난을 하여야 한다. 이렇게 화재사실을 빨리 알리기 위해서는 사람이 상주하거나 출입이 가능한 모든 장소에 비상방송이 송출되도록 시스템을 구성하여야 한다.

※ **구획된 모든 개소**(인력상주 및 출입가능 지역 등)**에 비상방송시설 설치**

| NO | 34-소방 | 공장내 구획된 모든 개소에 비상방송시설(스피커)설치 |
|---|---|---|
| As is (Risk 내용) | | 구획된 장소에 비상방송시설이 없을 경우 신속한 피난이 어려워 인명 피해 우려 위험성 |
| To be (SDR 설계기준) | | 공장내 구획된 모든 개소(인력이 상주하거나 출입이 가능한 개소)에 설치 반영<br>(단, 해당 국가의 법적 기준을 충족하고 성능위주 설계로 비상방송설비 설치, 제외가 승인된 경우 해당장소 제외 허용) |

[비상방송시설]

**Fryer 및 가열설비 방호장치**

공장에 설치되는 Fryer 설비에 대해서는 강화액 소화장치 외에 배기연도 2중관 시공, 유연제거장치(오일 미스트) 설치, 연도부 온도모니터링 시스템 설치 등 화재 감지나 확산을 방지하기 위한 각종 안전장치를 설치하여 근원적으로 화재발생을 억제하는 기준을 마련하였다.

이외에 화재를 근본적으로 제어하는 열교환 장치를 구조적으로 변경한 '열매체 가열 시스템'으로 근본적인 설계를 변경하는 등 사전안전성 평가(SDR) 기준을 반영하고, 선제적으로 준수하도록 강조하고 있다.

특히, 직영점으로 운영하는 매장은 튀김기(과열 유증기) 화재에 대한 자동소화장치 등을 사전안전성 평가(SDR) 기준에 필수적으로 반영하여 전체 매장으로 확대하였다. 그러나 시설을 임대하거나 급식 운영만 하는 다수의 사업장은 2년 단위 계약에 따라 사업을 운영하기 때문에, 안전 장치를 설치하는 데 소요되는 비용을 감당하기 어려운 상황이었다.

이에 따라 기존 매장은 우선 관리취약성을 보완하기 위한 대책으로 K급 소화기 및 휴대용 소화기를 비치하는 것을 기본 원칙으로 하되, 신규 입점하는 매장에 대해서는 해당 화재의 위험성을 인식시키고, 인프라 개선을 협의하되 실행이 어려운 경우는 먼저 설치한 후에 설치 비용을 분할하여 운영비에서 차감하는 내용을 포함하여 계약하도록 하였다.

### ‡ Fryer및 가열설비는 화재예방 방호장치(온도모니터링, 유연제거장치 등) 설치

| NO | 87-안전 | Fryer 및 가열설비(직화, 히팅, 열매체 등)설치 시 화재예방 방호장치 설치 |
|---|---|---|
| As is (Risk 내용) | | 유증기 발생장소(튀김설비, 오븐설비 등)소화장치 미흡으로 인한 화재발생 위험성 상존 |
| To be (SDR 설계기준) | | 배기덕트 부위에 강화액 소화장치 설치 반영<br>튀김설비 오일미스트(유연제거장치)설치 반영<br>배기연도 2중관으로 시공 및 분해 청소 용이토록 설치 |

[오일미스트]

### 양방향 피난로 확보

판교의 아비뇨프랑에 있는 계절밥상 1호점도 그랬다. 그런데 그때까지만 해도 안전경영 시스템이 없었고, SDR 같은 사전안전성 평가가 의무화 되지 않아 화재 발생 시 비상대피로에 대한 인식이 부족하였다.

그 당시 구조를 보면, 큰 매장의 입구에 들어서면 당시 인기 메뉴였던 고추장 삼겹살을 굽는 곳이 매장 입구 쪽에 있었다. 화기를 쓰는 곳이 발화의 가능성이 높고, 화재 시 유독가스가 발생하면 안쪽의 고객들은 대피할 방법이 없는 구조였지만, 그 누구도 그것을 인식하지 못하였다. 지하의 노래방에 화재 발생 시 인명 피해가 많은 것도 바로 그 이유 때문이다.

그래서 새로운 점포를 개설할 때에는 반드시 출입구 반대편에 비상 대피구를 확보하도록 하였으며, 그 원칙은 지금도 철저히 지켜지고 있다. 이처럼 예방 단계는 이미 경험한 사고나 재해를 반복하지 않기 위한 사전 안전활동 이다.

**‡ 건축물 신축/임대 시 반드시 양방향 피난로를 확보할 것**

| NO | 28-건축 | 건축물 신축/임대 시 양방향 피난로 확보 및 공장 비상 대피에 대한 비상 집결지 확보 |
|---|---|---|
| As is (Risk 내용) | | 건물 내부 화재발생 시 주 출입구 외에 별도의 피난이 가능한 비상 출구 설치 필요 |
| To be (SDR 설계기준) | | 작업장내 작업자의 원활한 피난을 위한 양방향 피난통로 확보 필요(완강기를 이용한 피난은 인정 안됨)<br>공장 비상 대피에 대한 비상집결지 확보(표지판 부착) |
| | | [양방향 피난로] |

**대형화재_ 화재확산 예방**

대형화재 **확산**을 예방하기 위한 사례로 **첫째 가연성 재질 사용금지, 둘째 스프링쿨러 설치, 셋째 방화구획**을 나누는 것 등이다.

**가연성 재질 사용금지**

몇 년 전 의정부 화재처럼 아파트가 드라이비트 공법으로 시공되면 화재의 확산은 막을 수가 없다. 식품 제조사업장은 빈번하게 공정 변경이 이루어지고, 시공상의 공기를 단축하고 상대적으로 비용이 적은 건축 판넬 등을 자주 사용하게 되는데, 과거의 경험에서 보면 값싼 가연성 샌드위치 판넬을 사용한 경우 화재가 발생하면 대부분이 대형 화재로 확산된다.

특히 가연성 건축자재에 한번 불이 붙게 되면 일반적인 소화장치로는 화재를 진화할 수 없으며, 화재 시 유독가스가 심하게 발생하여 대형 인명 피해가 발생하는 등 중대 사고로 이어질 수 있다. 이런 위험을 근본적으로 예방하기 위해서 사전안전성평가 기준에 '가연성 건축자재 사용금지'와 '준불연(난연 2급) 이상' 연소가 지연되는 건축 마감재 사용을 반드시 지키도록 원칙으로 설정하고 반드시 준수하도록 하고 있다.

처음에는 '단가가 높다, 시공이 어렵다' 등의 이유로 현장 공사 담당자의 반발이 있었다. 그러나 절대준수 원칙을 고수하여 지금은 모든 공장의 외벽은 불연재(콘크리트, 글라스울, 압면 등)로 시공되고 있어 외부의 발화로 인한 화재의 확산은 더 이상 발생하지 않는다.

‡ **건축물**(가설포함)**신축 시 가연성재질**(천막, 스티로폼, 일반우레탄 등) **사용 금지**

| NO | 21-건축 | 건축물 신축 시 건축자재 가연성 재질 사용금지 |
|---|---|---|
| As is (Risk 내용) | | 화재에 취약한 가연성 건축자재 사용 시 화재확산 위험성이 높아 절대 시공금지(천막, 스티로폼, 폴리우레탄 등) |
| To be (SDR 설계기준) | | 공장 외장재: 불연재 시공(콘크리트, 그라스울 등)<br>식품공장 내부 칸막이: 준불연(난연2급) 우레탄 사용 허용(PIR 패널)<br>냉동창고: 준불연(난연2급) 우레판 판넬 허용<br><br>건축법 개정안 주요 내용<br>■ 건축 마감재, 단열재·복합자재의 심재 등 화재안전 기준 강화<br>■ 700도에서 10분 이상 버티는 '준불연' 성능 요구<br>■ 샌드위치패널(복합자재)의 경우 외부 강판을 제외한 내부 단열재에 화재안전성능 시험<br>■ 위반시 3년 이하의 징역 또는 5억원 이하의 벌금<br><br>[불연재] |

**스프링쿨러 설치**

화재발생 시 대형화재로의 확산을 방지하는 시설로 반드시 설치되어야 하는 것이 바로 스프링클러 시설이다. 하지만 법적 기준 대상 건축물에만 스프링클러를 설치하고 소형 건축물이나 법적 기준에 해당되지 않는 건축물에는 설치하지 않아 화재가 확대되는 사고가 많아 이에 대한 기준을 마련하여 신축 및 증축되는 건축물에 반드시 스프링클러 시설을 설치하도록 하고 있다.

### ‡ 모든 건축물 신축 및 증축 시 면적 1,000㎡ 이상인 경우 반드시 스프링클러 설치

| NO | 38-소방 | 모든 건축물 신축 및 증축 시 면적 1,000㎡ 이상인 경우 스프링클러 설치(단, 해당 국가의 스프링쿨러 설치 기준이 더욱 엄격할 경우 해당 국가법 적용) |
|---|---|---|
| As is (Risk 내용) | | 스프링쿨러 미 설치로 인해 화재발생 시 화재확산 및 인명피해 증가 위험 |
| To be (SDR 설계기준) | | 반자부위 화재위험성이 있는 경우 스프링쿨러 설치<br>냉동창고 내부 스프링쿨러, 살수설비, 포모니터 등 설치(권고)<br><br>[스프링쿨러] |

### 방화구획

화재 확산의 주요 원인 중에 하나가 바로 방화구획의 문제이다. 방화구획은 법적으로 용도별, 면적별로 구분을 하고 있으며, 스프링클러 설치로 인한 면적 확대와 흐름생산 등의 이유로 면제를 받는 경우도 있다. 하지만 이는 곳 화재 발생 시 화재가 확산되는 주요 원인이 되기도 한다. 이에 방화구획에 대한 기준을 마련하여 강력하게 설계에 반영하고 있다.

‡ 방화구획은 반드시 내화구조로 시공, 흐름생산으로 인한 방화구획 완화 불가 원칙

| NO | 24-건축 | 방화구획은 반드시 내화구조로 시공(각 국가별 법적 기준 준수) |
|---|---|---|
| As is (Risk 내용) | | 화재발생 시 방화구획 미 적용 및 마감처리 불량에 따른 화재확산 위험성 상존 |
| To be (SDR 설계기준) | | 스프링쿨러 설치 및 성능위주 설계로 인한 방화구획 면적 확대 가능 흐름생산으로 인한 방화구획 완화 적용 불가 |

| 구획 | 면적기준 | 스프링쿨러 등을 설치한 경우 |
|---|---|---|
| 면적별 구획 | 1,000m² <br> 11층 이상 바닥면적 200m² <br> (불연재 사용 시 500m²) | 기준면적의 3배까지 완화 <br> 1,000m²~3,000m² <br> 200m²~600m² <br> 500m²~1,500m² |
| 층별 구획 | 지하층, 3층 이상의 모든층 <br> (지하1층에서 지상을 연결하는 경사로 부위 제외) | |
| 용도구획 | 건축물의 일부가 「건축법」 제50조 제1항의 규정에 의한 건축물에 해당하는 경우에는 그 부분과 다른 부분을 방화구획해야 함. | |

[방화구획]

## 끼임 사고

끼임 사고를 줄이기 위한 활동으로 **'No touch 캠페인'**을 지난 2019년 하반기부터 현재까지 지속 실행하고 있다. 구체적인 접근 방법은 **첫째 안전커버 및 인터록 설치, 둘째 치공구 사용, 셋째 비상정지장치, 넷째 LOTO(Lock out, Tag out) 잠금 시스템 구축** 등 이다.

## 안전커버 및 인터록 설치

끼임 사고는 대부분 설비에서 기인하여 발생되고 있으며, 이는 설비의 안전장치 즉 안전커버 및 인터록 장치가 미흡하여 발생되는 경향이 많아 이에 대한 기준을 마련하고 설비 제작 시 이런 끼임점이 발생되지 않도록

하는 것이 무엇보다 중요하다.

‡ **모든 설비의 끼임 위험개소는 접촉방지를 위한 안전장치**(안전커버, 인터록 등)**설치**

| NO | 56-안전 | 모든 설비의 끼임 위험개소 접촉방지 안전커버 설치 및 인터록 설치 |
|---|---|---|
| As is (Risk 내용) | | 체인 및 벨트 구동부 노출부위 끼임 위험성 |
| To be<br>(SDR 설계기준) | | 구동부는 손이 들어갈 수 없는 구조로 설치<br>안전커버 해체 시 정지되는 구조로 설치<br>롤러가 회전 중인 것을 육안으로 확인토록 표시<br>구동설비 조직 스위치는 설비설치 인접장소에 설치<br><br>[안전커버] |

### 치공구 사용

치공구란 통상 보조공구라고 하며, 특히 설비 가동 중 불량 제품 또는 이물질 등을 제거하는데 그 작업에 맞게 해당 사업장에서 제작, 사용하고 있으나 설비 설치 후 초기 가동 시에는 이런 치공구가 없어 작업자가 끼임점에 손을 접촉하여 안전사고가 발생되는 경우가 많아 이에 대한 기준을 마련하였다.

‡ 본 생산 가동 전에 각 설비 특성에 맞는 작업용 치공구 제작 비치

| NO | 57-안전 | 설비 특성을 고려한 작업용 도구 비치 |
|---|---|---|
| As is (Risk 내용) | | 끼임점 이물 제거 및 청소 작업 중 끼임사고 발생 위험성 상존 |
| To be (SDR 설계기준) | | 설비특성 및 작업방법에 맞는 작업용 치공구 제작 및 비치 (특히 끼임점 이물 제거용 등) |
| | | [작업용 치공구] |

### 비상정지장치

모든 설비에는 비상정지스위치가 설치되어 있으나 설치위치 불합리 및 설비 형태를 고려하지 않고 설치되어 있어 설비에 작업자 신체 접촉으로 인한 사고 시 즉시 설비를 정지할 수 없어 안전사고가 중대사고로 확대되는 경우가 많아 이에 대한 기준을 마련하였다.

‡ **비상정지 스위치는 끼임점 마다 설치하고, 작업 특성에 맞는 비상정지 스위치 설치**

| NO | 94-안전 | 비상정지 스위치는 끼임점 마다 설치하고, 長 설비는 케이블 타입 적용 |
|---|---|---|
| As is (Risk 내용) | | 설비 끼임점 부위 비상정지 스위치 미 설치로 인한 비상대응 어려움 및 長 설비 비상정지 스위치 설치 불합리에 의한 사고 위험성 상존 |
| To be (SDR 설계기준) | | 비상정지 스위치는 설비 끼임점 마다 설치 長 설비(컨베이어 등)는 풀 코드 스위치 타입 비상정지 스위치 설치 |

[비상정지 스위치]

### LOTO(Lock out, Tag out) 잠금 시스템

설비 보수, 정비 작업 시 발생되는 사고는 통상 타 작업자의 스위치 작동에 의한 사고로 이런 사고를 근원적으로 막기 위해서는 무엇보다 LOTO 잠금 시스템이 구축되어야 하며, 반드시 LOTO 잠금 시스템이 사업장에 정착되어 시행되는 것이 가장 중요하다.

✝ 정비, 보수 시 안전성 확보를 위한 LOTO(Lock Out, Tag Out) 잠금시스템 구입 비치

| NO | 95-안전 | LOTO(Lock Out, Tag Out) 잠금시스템 구입 비치 |
|---|---|---|
| As is (Risk 내용) | | 설비 LOTO 미흡에 의한 공동 작업 시 사고 위험 |
| To be (SDR 설계기준) | | 공장 신축 및 증설 시 설비정비, 보수 시 안전성 확보를 위한 LOTO 잠금 시스템 구입 비치 |

[LOTO]

## 전기사고_ 화재

전기사고는 2가지 유형으로 화재, 감전으로 나눌 수 있다. 먼저 **화재예방**을 위한 사례는 **첫째 전기선로 시공방법, 둘째 소공간 소화장치, 셋째 아크(Arc) 차단기, 넷째 열화상 측정 카메라 시스템** 등이다.

## 전기선로 시공방법

모든 전기화재의 확산은 전기선로나 전기선로 주변의 인화성 물질에 옮겨 붙어 발생되는 것으로 전기선로에 의한 화재확산 방지를 위해 전기선로를 불연재질인 금속보호관으로 시공 하도록 기준을 마련하였으며, 금속보호관 시공이 어려운 경우 방화포 및 방화테이프를 설치하여 전기선로로 인한 화재확산 방지를 하고 있다.

## ‡ 모든 동력 전기선로는 금속보호관으로 시공
(부득이 트레이 시공이 필요한 경우 반드시 방화포 및 방화테이프 설치)

| NO | 127-전기 | 모든 동력 전기선로는 금속 보호관으로 시공 설치 |
|---|---|---|
| As is (Risk 내용) | | 단면적 계산없이 부적합 시공<br>트레이 복층 포설에 의한 열발생 화재 위험<br>동력판넬, 반자부 등 화재위험개소 전선 열화에 의한 전기화재 위험 |
| To be<br>(SDR 설계기준) | | 모든 동력 전기선로는 금속 보호관으로 시공 설치<br>결로 등의 이슈로 트레이 시공이 필요한 경우 단면적 120mm2 이상 시 전선 단층 포설 시공<br>신규 전기실 케이블 트레이 상부는 자동소화 '방화포 및 방화 테이프' 시공<br>방화 테이프는 화재 위험개소(전기판넬 밀집구역, 메인 동력 판넬, 천장 반자부 케이블 인입부 외) 선정 및 시공<br>전선보호관으로 합성수지관(CD관 포함) 공사 사용금지<br>(단, 벽체 매립공사는 제외) |

[금속 보호관]

## 소공간 소화장치

전기화재가 발생되는 곳을 살펴보면 대부분 전기판넬 내부에서 발생되어 주변으로 확산되는 경우가 많아 전기판넬 내부에서 초기에 화재를 진화할 수 있는 소공간 소화장치를 설치하도록 기준을 마련하여 적용하고 있다.

### ‡ 전기판넬 내부에는 초기 화재 진압를 위한 소공간 소화장치 설치

| NO | 169-전기 | 소공간 소화장치 설치 |
|---|---|---|
| As is (Risk 내용) | | 설소공간 소화장치 미 설치로 화재발생, 확산 |
| To be (SDR 설계기준) | | 수배전 설비 큐비클 화재 진압용<br>동력판넬(MCCB 판넬) 화재 진압용<br>옥외관리 취약구역 전기판넬 화재 진압용<br>**소공간 자동소화장치**<br>-소화약제:HFC-123   -축압가스25bar(20°C) 질소<br>-감지부:초기반응 68°C 유리벌브  -용기재질:고압가스용기용 강판<br>-밸브재질:황동 단조<br><br>화재발생 ⇒ 감지부 작동 ⇒ 저장용기 밸브개방 ⇒ 소화약제 방출 ⇒ 소화<br>　　　　　　　　　　　　　　　　　　　⇓<br>　　　　　　　　　　　　　　　부가장치:PRD작동, 압력신호 |

### 아크(Arc) 차단기

전기부품 중에 화재와 가장 밀접한 것이 바로 차단기다. 차단기의 종류는 크게 일반 과부하를 감지하는 일반차단기, 누전을 감지하는 누전차단기가 주로 산업현장에 설치되고 있으나 최근 산업의 발달로 화재예방을 할 수 있는 아크 차단기가 개발되면서 점진적으로 산업현장에 적용되고 있어 이에 대한 기준을 마련하여 적용하고 있다.

‡ 전등, 전열용 차단기는 반드시 아크 차단기(Arc) 설치

| NO | 168-전기 | 전열 분전반 KS 인증 아크, 누전 겸용 차단기 설치(2선식만 해당) |
|---|---|---|
| As is (Risk 내용) | | 전열용 차단기를 현재 일반 누전차단기로 설치하고 있으나, 아크(단락) 발생 시 차단 기능이 없어 화재 위험성 상존 |
| To be (SDR 설계기준) | | 전열 분전반 KS 인증 아크, 누전 겸용 차단기 설치(2선식만 해당)<br><br>전기화재 예방용 인공지능 차단기<br>(아크 겸용 누전차단기)<br><br>전기화재 예방용 인공지능 멀티탭<br>(2-구 멀티탭형 아크차단기)<br><br>[아크 차단기] |

열화상 측정 카메라

전기 화재사고 중 가장 대형화재로 발생될 우려가 있는 시설이 바로 수배전실에 설치되는 특고압 설비인 변압기 및 큐비클 판넬 부분이다. 이런 시설은 사고가 발생되면 공장 가동을 중지하게 되어 사업 연속성에 영향을 준다. 이런 사고를 미연에 예방하기 위해서 상시 온도 모니터링

을 위한 시설을 갖추도록 기준을 마련하여 적용하고 있다.

‡ **특고압, 고압 큐비클 내부 실시간 열화상측정 카메라 및 모니터링 시스템 구축**

| NO | 152-전기 | 특고압, 고압 큐비클 내부 실시간 열화상측정 카메라 및 모니터링 시스템 구축 |
|---|---|---|
| As is (Risk 내용) | | 특고압, 고압 큐비클 화재 발생 위험성이 높고 화재발생 시 사업 연속성에 영향이 큼 |
| To be (SDR 설계기준) | | 특고압, 고압 큐비클 내부 실시간 열화상 측정 센서 설치<br>설치된 열화상 측정 카메라 모니터링 시스템 구축 및 24시간 관리되는 장소에 설치 |

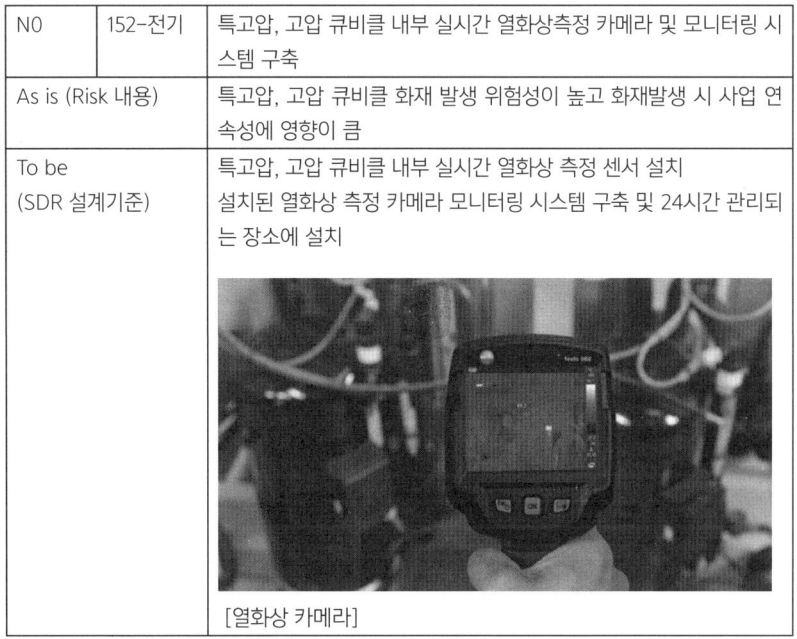

[열화상 카메라]

**전기사고_ 감전**

감전사고 예방을 위한 사례는 **첫째 누전차단기, 둘째 접지형 콘센트** 등이 있다.

**누전차단기**

차단기 종류 중에 근로자의 감전방지를 위한 것이 바로 누전차단기다. 특히 물을 많이 사용하는 작업장이나 근로자의 신체에 땀이나 물기로 인해 감전의 위험성이 높은 지역에 설치되는 모든 차단기는 반드시 누전차단기를 설치하여야 한다.

## ‡ 설비관련 모든 전기 차단기는 누전차단기 설치

| NO | 145-전기 | 설비관련 모든 전기 차단기는 누전차단기 설치 |
|---|---|---|
| As is (Risk 내용) | | 일반 차단기 사용 시 감전사고 및 화재 위험성 상존 |
| To be (SDR 설계기준) | | 설비는 증감도형 누전 차단기 설치(외함접지 필수)<br>과부하, 단락보호 겸용 사용<br>금속제 외함을 가지는 사용 전압 60V를 초과하는 저압의 기계기구로서 사람이 쉽게 접촉할 우려가 있는 곳에 설치 |

- 전원측 단자
- 핸들
- 명판
- 누전테스트 버튼
- 부하측 단자

[[누전차단기]]

### 접지형 콘센트

최근 전기부품도 근로자의 감전방지를 위해 많이 개발되고 있으며, 현장의 여건에 맞는 콘센트를 설치하도록 기준을 마련하여 적용 함으로서 작업자 감전사고를 방지 하고 있다.

‡ 콘센트 설치 시 기본 접지형을 설치하고, 작업환경에 맞는 콘센트 선택 설치

| NO | 142-전기 | 접지형 콘센트 설치 및 물 사용 현장은 방수형 또는 커버형 설치 |
|---|---|---|
| As is (Risk 내용) | | 비 접지형 콘센트 및 물 사용 장소에 일반 콘센트 사용으로 인한 감전 및 화재 위험성 상존 |
| To be (SDR 설계기준) | | 국내는 자동소화 멀티콘센트(매립형, 노출형, 매입방적형) 설치<br>물 사용 장소는 방수형 또는 커버형 콘센트 설치(접지는 필수)<br>벽체 고정형 콘센트는 누전 차단기가 부착된 콘센트 설치<br>(접지는 필수)<br>방폭지역은 방폭형 콘센트 설치<br><br>접지형/안진키비 방수 콘센트<br><br>[접지형 콘센트] |

## 2) 사전안전성 평가/시공적합성 평가

모든 투자(기존 시설의 변경, 신규 시설 설치 등) 진행 시 환경, 안전, 보건 관련 법적 사항을 철저히 준수하고, 리스크를 사전 차단/예방토록 운영하는 제도로써 사업장은 모든 투자에 대해 사전안전성평가 실시 및 결과를 공사에 반영해야하며, 투자 완료 시점(준공보고 전)에 시공적합성 평가 실시로 사전안전성 평가 결과 반영 여부를 확인한다.

※ 운영 절차

| 투자 집행품의 전<br>(사전안전성평가 실시) | ➡ | 투자 집행품의<br>(사전안전성평가결과 첨부) | ➡ | 업체 선정/공사<br>(사전안전성평가결과 반영) | ➡ | 준공 보고<br>(시공적합 평가) |

사전안전성 평가를 통해서 설계 시 안전기준을 정하고 엄격하게 지키게 하는데, 만약 설계에 안전기준이 반영되지 않으면 설계를 승인해주지 않는다. 따라서 안전환경팀의 합의 없이는 설계 도면은 승인이 나지 않으므로 설계 시 안전기준은 반드시 지켜지도록 하는 것이 핵심이다. 이 또한 프로젝트비용과 안전이 대치하므로 초기에 의사결정자의 강력한 의지가 요구된다.

> Tip. 개선단계에서 도출된 Best Practice와 신기술/신공법 등을 사전안전성 평가설계기준에 반영하고, 설비 도입 전 또는 공사 단계별 철저한 검증을 통해 현장에 적용함으로써 동일한 리스크가 두 번 다시 발생하지 않도록 관리해야 한다.

## 4. 안전경영 시스템 4단계 [ 대응 ]

**대응 단계는 '사고 발생 시 피해 최소화를 위한 비상대응 체계 구축으로 인명피해를 최소화 하는 활동'**으로 정의할 수 있다. 안전경영 시스템 중 인식, 개선, 예방의 단계에서 아무리 집중 개선, 예방 조치를 하더라도 예상하지 못한 사고는 발생할 수 있다. 때문에 발생한 위험, 사고에 신속하게 대응하여 피해를 최소화하는 활동을 사전에 준비하고, 훈련함으로써 조기에 대응하는 것은 매우 중요하다.

모든 상황을 대비한 훈련을 시행할 수는 없지만, 예상되는 대형 사고 중 화재 상황에 대비하여 비상대피 훈련을 실시하는 것이 중요하다. 사람들이 많이 모이는 곳, 특히 고층 건물인 본사 사옥이나 생산 제조시설, 다중이용 시설 및 공연장 등에 화재가 발생하면 일시에 많은 사람이 대피통로 방향으로 모이게 된다. 각자 생존을 위한 성급함에 정신적인 패닉(Panic), 당황, 충돌, 장애 등이 연쇄적으로 나타난다. 이로 인한 2차적인 사고가 발생하여 대형 인명 피해가 발생할 우려가 상대적으로 높아진다.

따라서 정기적인 비상대피 훈련을 통하여 직접 몸으로 행동하는 체험을 하게 되면, 유사한 비상 상황이 발생하더라도 침착하게 훈련한 대로 한 사람의 인명 피해도 없이 신속하게 대응할 수 있다. 이러한 인식과 행동이 체질화 되도록 주기적인 대피 훈련을 시행하는 것이 필요하다.

## Case study 1) 사옥별 비상대피훈련 '골든타임 6분'

지난 2014년부터 약 4년간 각 회사의 본사 빌딩을 대상으로 '골드타임 6분'을 기준으로 분기 1회 '비상대피훈련'을 실시함으로써, 비상 상황 발생 시 즉시 행동으로 체득 되도록 반복훈련을 통해 생존성을 확보하였다.

### ‡ 비상대피훈련

| 구분 | A사 | B사 | C사 |
|---|---|---|---|
| '14 | 7분 | 23분 | 8분 |
| '15 | 6분 50초<br>(38명 사망) | 12분<br>(760명 사망) | 5분 16초<br>(2명 사망) |
| '16 | 5분 55초<br>(전원 생존) | 11분<br>(342명 사망) | 4분 20초<br>(전원 생존) |
| '17 | 4분 50초<br>(전원생존) | 11분<br>(246명 사망) | 4분 50초<br>(전원생존) |

* 층별 유도요원 교육, 응급 구호함, AED 비치 활용법 숙지
* 소화기 사용 화재진압 훈련, 심폐소생술 시범, 실습 병행

사고 발생 시 피해 최소화는 무엇보다도 중요한 사항이다. 이에 필자는 '사고조사 248 원칙'을 정립하여 사고 발생시 적용 중에 있다.

### 원칙1. 재해자 최우선 구조(0순위)

원칙2. 사고 상황을 2시간 이내 보고
원칙3. 현장에서 48시간 이내 사고원인 파악
원칙4. 사고를 은폐하지 않고 책임감 있게 보고
원칙5. 사고 대책을 수립하여 근본원인을 개선(수평전개, 구조적 개선)

다시 요약하면, 무엇보다도 재해자 우선 조치를 최우선(0순위)으로 하고, 사고 발생 즉시 신속보고를 통해 대외 확산을 차단하기 위해서 2시간 이내 신속하게 공유하며,

**사건의 본질을 왜곡하지 않고**, 대책의 유효성을 확보하기 위해서 **타 사업장의 전문가를 대동하여 객관적인 시각으로 현장에서 전문가 그룹이 48시간 이내에 원인을 분명하게 파악하도록** 조사하여, 발생한 사고를 책임감 있게 공유하고, 동일 사고가 재발하지 않도록 1개월 이내에 근본 개선과 표준에 반영하여 예방 관리하는 것이 가장 중요하다고 할 수 있다.

제조 사업장 등 **중대 사고에 대한 접근 방향은 무엇보다도 사람의 생명을 최우선으로 하는** 신속한 대응 체계에 있다고 할 수 있다. 특히 대형 사고에서 대부분의 경제적인 비용은 패키지/기업종합 보험(Package Insurance, MIP/Multinational Insurance Policy)을 통해서 피해 금액을 대부분 보상받을 수 있다. 사고 발생 시 신속하게 인명 피해를 최소화하는 것이 무엇보다도 중요하며, 그렇기 때문에 인식, 개선, 예방의 단계에 있어서도 인명 피해 최소화를 위한 실행을 항상 염두에 두고 추진해야 한다.

어떤 사고이든 무엇보다도 중요한 것은 '사망 사고가 단 1건도 발생하면 안 된다'는 마음가짐부터 시작되어야 하며, 모든 사고 대응의 방향은 인

명(人命) 피해 최소화에 맞추어 수립해야 한다. 고객과 사원을 비롯하여 협력사 도급 인력, 사업장 내 공사를 위한 인력에 이르기까지 우리의 사업장 내에서는 절대 사망 사고가 발생해서는 안 된다는 마인드셋이 필요하다.

**이는 반드시 준수해야 할 '피해 최소화'의 제1원칙이다.**

완벽한 개선대책을 시행하지 않으면 일정 시간이 경과한 후에 동일한 사고가 재발하는 현상을 제조 사업장 근무 당시에 자주 목격하였다. 그때마다 안전 이론과 실제가 다르다는 핑계 아닌 핑계와 안전 담당자의 푸념을 들은 적이 한두 번이 아니었다.

해당 사고를 상세하게 조사하여 근본 원인을 확인하고, 재발 방지를 위한 과제를 구체화하여 실행하는 교과서적인 실행만이 반복되는 사고의 고리를 끊어내고, 사고(산업재해, 대형화재, 환경유출, 식품안전, 조직문화 등)를 혁신적으로 근절하는 활동임을 다시금 느낄 수 있었다.

✝ **사고관리시스템**(AMS, Accident Management System)
- 동일 유형 리스크 발굴 및 개선 수평전개 기존 시설 개선
- 재발방지대책은 사전안전성 평가 기준에 반영신규 시설 동일 유형의 리스크 사전 예방

STEP 1 현장 조치 및 보고 (2시간 이내)
STEP 2 조사 및 결과보고 (48시간 이내)
STEP 3 재발방비 대책 전파 (보고 후 즉시)
STEP 4 설비개선 및 수평전개 (전파 후 즉시)
STEP 5 유효성 평가 (2개월 이내)
STEP 6 종료 (재해자 복귀후)

다음은 앞서 이야기한 활동을 실제 업무 프로세스로 만들어서 매뉴얼화하고, 이를 지속 가능하도록 운영 최적화하는 것이 필요하다. 이를 효과적으로 수행하기 위해서는 기존에 운영 중인 비상대응 체계를 문서화(매뉴얼)하고, 관련 조직에 실제 운영 프로세스에 대한 공감과 합의를 이끌어 내는 것이 중요하다. 상시 운영 조직과 연계하여 가장 효과적으로 비상대응 체계를 실행하기 위한 각 임무별 역할과 책임을 숙지하고, 직접 실행하도록 해야 한다.

또한 비상대응 조직을 소집할 정도의 큰 사고가 아닌 경우라 할지라도 상시 운영 체계와 연계하여 비상 시나리오가 가동되도록 해야 하며, 실행 중 운영 프로세스의 문제점에 대해서는 정기적으로 업데이트하여 운영 프로세스가 실제 반영되도록 해야 한다. 이런 실행 경험이 비상 상황에서도 동일하게 실행되므로 평소 업무와 연계한 운영 프로세스를 최적화하는 것이 중요하다.

기본적으로 비상대응 매뉴얼은 일반적으로 "재난대응 업무에 대한 활동 기준, 행동 절차, 방법, 팀/담당 임무 및 역할 등을 구체적으로 제시한다"라고 정의되어 있다. 비상대응 지침서로 활용하기 위해서는 상기의 업무 프로세스를 반영하여 실무에 맞도록 운영하면 된다.

다음으로 상기의 위험(Risk)은 각 조직의 특성에 따라 등급을 부여해야 한다. 사고의 유형에 따라 R1(최상), R2(상급), R3(중급) 등 3단계로 구분하였는데, **실제 사업장에 사고가 발생하여 사망 사고 등 인명 피해가 발생한 경우는 'R1', 3주 이상의 중상 사고가 발생한 경우는 'R2', 3주 미만의 경미한 사고로 일반적인 요양이 필요한 경우는 'R3'로 구분하고 있으며**, 비상대응 정도 역시 등급별로 운영하고 있다.

단계별 비상 대응 절차는 운영 주체(책임 부서)에 따라 세분화하여 시나리오를 작성하였다. 또 비상대응 체계에는 관련 조직의 내부적인 의사소통이 매우 중요하다. 원활한 소통을 위해 신속 보고 체계를 구성하고, 등급별 정보 수신자를 사전 지정하고, 관련된 사고 정보를 발생 즉시 바로 공유하여 비상대응 체계를 상시 가동하도록 하는 앱(APP)을 운영하는 것도 유용한 수단이 될 수 있으므로 해당 조직에 맞도록 활용하기를 권한다.

이런 비상대응 체계는 조직 내부에서 조치가 가능한 R3급 사고가 발생하여도 가동하여 비상대응 시나리오의 효과를 확인해야 한다. 보완이 필요한 사항에 대해서는 내부 협의를 거쳐 일상 업무 와 연계하여 효과적이고 비상 시에 활용이 가능한 프로세스로 정착되도록 보완해야 한다.

어떠한 기업이라도 중대재해가 발생하면 관계 정부기관의 조사를 받게 되는데, 사고 대응 시에도 정부기관과의 소통이 중요하다. 특히 언론을 통해 위험이 확대 재생산될 수 있으므로 대외 소통 역시 중요한 활동이라고 할 수 있다. 외부 이해 관계자와의 소통은 지속가능경영의 관점으로 추진하되, 실질적인 안전경영 시스템을 체계적으로 실행한 결과를 토대로 하면 더 효과적인 대응이 가능하다.

리스크 발생 시에 필요한 전문가 그룹을 사전에 구축하여 대내외 사고 조사나 실제 사고 원인 파악 시에 활용하는 등 예방관리 체계를 고도화하는 일에도 더욱 관심을 두고 실행해야 한다. 또한 비상 상황에 대한 시나리오를 사전에 매뉴얼로 준비하면 기본 체계는 구축할 수 있으나, 지속적으로 실행할 수 있는 매뉴얼로 고도화하는 것이 필요하다. 사고 발생 당시 조사 결과와 사고 대응, 사고관리시스템(AMS) 등 일련의 활동을 현실적으로 보완하고, 사고 종료 후 중대사고에 대한 사고백서(白書. Review Report) 등을 작성하여 향후 참고 매뉴얼로 활용하는 것도 매우 중요하다.

어떠한 조직도 발생하지 않은 모든 사고를 총망라하여 매뉴얼화하여 대응하기는 어렵다. 다만, 기존에 실제로 경험한 사고나 공통적으로 운영할 비상운영 체계를 문서화/표준화 하고, 해당 조직과 사전에 커뮤니케이션 하는 것이 매우 중요하다.

필자가 근무한 제조 사업장에서 대형 화재에 직면하였을 때 신속하게 현장을 수습하는 활동도 중요하였지만, 전사 차원의 비상대응 상황실을 구성하고, 피해 최소화를 위해 일련의 활동을 실행하는 것도 매우 중요했다. 특히 비상 상황이 발생하면 비상 조직은 기존 담당 기능에 부가하여 정부 기관(대관, 소방/경찰 등 조사기관), 언론, 소비자 단체 등의 외부 이해 관계자와 내부 기능별 부서와 협조 체계를 신속하게 구축하고 추가 인력을 구성하여 상황실을 본부에 구성해야 한다.

일부는 실제 사고 현장 상황실과 신속한 연락(소통) 체계(화상회의 등)를 가동해야 한다. 빠른 의사결정과 지원이 필요한 사항은 핵심(Core)인력 중심으로 신속하게 결정하고, 상황을 전파하여 사고에 대응하고 사고 수습 관련 정보를 원활하게 전달해야 한다.

무엇보다 현장의 상황 조치가 우선이므로 각종 보고를 위한 자료 요청은 최대한 지양하고, 필요 시 본사에서 현장으로 파견한 인력이 확인사항을 정리하여 대응해야 한다. 실제 화재 현장에서 운영되는 현장 비상상황실은 신속한 화재 진압과 응급 복구를 위한 현장 실행 위주의 조직과 활동이 가동되어야 한다.

상황 보고를 위한 역할에 국한되지 않도록 운영 체계와 매뉴얼 등을 사전에 준비하여, 실제 비상 상황이 발생하였을 때에 원활하게 가동되도록 비상대응 프로세스를 체계화해야 한다.

대형 화재, 유해화학물질 유출 등의 중대 사고 발생 시의 경험에 비추어 보면, 대부분의 조직에서는 경험해 보지 못한 중대 사고 발생 시 우왕좌왕하여 신속 대응하지 못하고 소중한 시간을 허비하는 경우를 자주 볼 수 있었다.

특히 본사는 현장 상황 조치보다는 상위 조직으로의 보고를 염두에 두고 일을 실행하는 우(愚)를 범하는 경우가 있다. 이를 예방하기 위해서는 현장과의 핫라인(Hot-Line) 이외에는 개별 채널을 통한 소통은 지양하고, 현장 상황실과는 한쪽 방향(One-Way)으로 현장 상황을 공유하는 것이 매우 중요하다.

이렇게 하여야 현장의 사고 상황을 신속히 파악하고, 상황 보고보다는 신속 대응, 응급복구 중심의 현장 활동이 추진될 수 있다. **특히 유사한 사고 경험이 있는 본사 담당자 또는 타 사업장 담당자를 사고 지원 인력으로 투입하여 돌발적으로 발생하는 의사결정 사항에 대한 조언과 지원이 가능하도록 비상대응 프로세스를 운영하는 것도 좋은 방법이다.**

최근 산업안전보건법 전면 개정('19년 3월 공표, '20년 1월 시행) 및 중대재해처벌법 시행('22년 1월)으로 과거보다 원청의 안전 관리 책임이 강화되었다. 안전보건 조치의 의무가 해당 조직의 대표이사에게 주어지면서 안전 정책을 수립/시행하여 매년 이사회 승인을 받도록 하는 절차 등이 법률적으로 강화되었으며, 이러한 안전경영 시스템의 실행을 성실하게 수행하는 일이 더욱 강조되고 있다.

50억 원 이상 되는 신증설 및 대수선 공사에 한해서 '계획' 단계(기본 안전보건 계획 수립 의무), '설계' 단계(설계 안전보건 검증), '시공' 단계(공사 안전보건 실행) 등 전체 공사 과정에서 발주자의 안전관리 책임을 확실하게 수행하도록 법률이 한층 더 강화되었다.

다소 사각지대였던 프랜차이즈 사업의 경우에도 과거와 달리 가맹점 사업자와 그 소속 근로자에 대한 산업재해 예방을 위해 안전보건 프로그램을 필수적으로 교육(연 1회)하여야 한다. 가맹점에 설치된 설비, 기계 및 원자재/상품 등에 대한 안전관리 계획도 구체적으로 수립해야 하며, 예방하는 의무도 강화되는 등 사회적으로 안전 보건 책임을 강화하는 방향으로 변화하고 있다.

신규 사업장을 건설하는 대형 공사 프로젝트의 경우, 과거에 비하여 도급업체 인력에 대한 안전보건 책임이 한층 강화되었으며, 건설 현장에서 운영하는 대형 장비에 대한 안전관리 기준도 준수해야 한다. 필수 준수사항에 대한 해당 관리 기준을 실행력 관점에서 현장 점검, 감사하는 활동도 필수적으로 요구되는 상황이다.

이렇게 강화된 산업안전보건법규에 선제적으로 대응하기 위해서는 무엇보다 실제 사고(사망사고 최우선)를 근절해야 하고, 인명 피해가 발생하는 사고를 철저히 근절하는 계획과 활동을 추진해야 한다. 이를 위한 예방 활동과 사고 발생 시 신속한 조치를 통한 피해 최소화 등이 최우선으로 추진해야 할 시급한 과제가 되어야 한다.

### Case study 2) 911 테러 당시 '월드트레이드 모건스탠리 직원생존' 이유

사람은 재난과 맞닥뜨리게 되면 보통 3단계로 반응한다. 이런 사실을 처음 규명해낸 H.프린스 신부에 따르면 재난이 발생하면 우선 재난 자체를 잘 받아들이지 못하는 '거부반응'이 일어나며, 그 다음으로는 갈피를 잡지 못하는 '숙고 단계'를 거친다. 그리고는 행동을 결정하는 '결단의 단계'에 이르게 되는데, 이 3단계 과정을 얼마나 단축 시키느냐에 생사가 달려 있다.

모든 재난에는 '골든 타임'이 있다. 골든타임은 중증 외상환자들을 소생시킬 수 있는 마지막 기회를 뜻하는 의학용어다. 비행기 사고에도 골드타임이 있다. 전문가들은 통상 90초로 본다. 90초 안에만 대피하면 생존확률이 크게 높아진다는 말이다. 요즘 비행기들은 90초안에 승객들이 사고 기체에서 벗어날 수 있도록 잘 설계돼 있다지만, 결국 생존을 결정짓는 것은 기계가 아닌 인간이다. 인간의 대응방식이 결정적 순간에 삶과 죽음을 가른다.

아시아나 항공 사고가 대형 참사로 이어지지 않은 것은 승무원들의 침착한 대응 덕분이었다. 승무원들은 "반복적으로 훈련을 받았던 덕분에 사고 발생 후 어떻게 대처해야 할지 명료하게 판단할 수 있었다"고 말했다. 이들은 사고가 발생하자 아주 짧은 순간의 1,2단계를 거쳐 '결정적인 순간'이라 불리는 3단계로 곧바로 옮겨갔다. 뇌에 프로그래밍 돼 있던 매뉴얼이 자동으로 작동한 것이다.

911 테러 때 월드트레이드 센터에 입주해 있던 모건스탠리 직원 2,700여 명은 최악의 참사 속에서도 거의 모두가 살아 남았다. 직원 일부의 짜증에도 불구하고 반복적으로 실시했던 대피훈련 덕분이었다. 재난 상황 발생시 직원들은 1단계와 2단계에서 시간을 지체하지 않고 곧바로 3단계 모드로 들어갔다. 반면 희생자들은 대부분 우왕좌왕 하거나 소지품을 챙기는데 시간을 허비하다 죽음을 맞았다. 생과 사의 갈림길에서 골든타임은 신이 인간에게 내린 구원의 선물과도 같다.

**Case study 3) 완강기는 최후의 순간에 나와 가까운 사람의 목숨을 구하는 생명줄?**

◇ 2011년 모텔 8층에서 **몸에 벨트를 채우지 않은 채 완강기 로프를 손으로 잡고 내려오던 남녀가 동반 추락해 사망**
◇ 2015년 의정부 아파트(대봉그린 아파트, 드림타운 아파트, 해뜨는마을 아파트) 화재 당시 **완강기를 이용한 주민은 1명에 불과**
◇ 2017년 아파트 8층에서 **완강기 로프를 지지대에 고정하지 않고 탈출하려던 60대가 떨어져 숨짐**

소방시설 중 대표적인 피난기구인 완강기는 고층 건물에서 불이 났을 때

몸에 밧줄을 매고 지상으로 안전하게 내려 올 수 있게 만든 비상용 피난기구로써, 일반 아파트나 빌딩의 경우 3층부터 매층 완강기(또는 간이 완강기)를 1개 이상 설치하여야 하는 것이 원칙이다.

✝ 완강기 설치 모습

실제 설치된 장소에 가보면, 지지대는 앵커볼트(Anchor bolt, 닻과 같이 생긴 것으로, 기계류를 콘크리트 바닥이나 그 밖의 기초에 고정시키기 위하여 사용하는 볼트)를 사용하여 단단히 고정해야 사람의 몸무게를 지탱할 수 있다. 그런데 일반볼트로 고정되어 있는 경우 하중을 지탱하지 못하여 탈락되거나, 로프의 길이는 층수에 따라 최소 9(2/3층)~30m(10층)이어야 하나 건물 높이에 비해 로프 길이가 짧아 안전하게 탈출하지 못하는 경우가 빈번하다.

피난기구의 화재안전기준(NFSC 301)에 따르면,

　① 다중이용업소 중 4층 이하인 곳은 2층부터 설치, 그외 노유자 시설, 의료, 근린시설, 그 밖의 용도는 3층부터 설치
　② 10층 이하까지만 의무 설치
　③ 완강기 설치 위치는 가급적 출입문과 멀리 떨어져 고립되기 쉬운

곳에 각층마다 설치(숙박시설의 경우 3~10층)

④ 완강기를 이용해 탈출한 창문은 가로 50cm, 세로 100cm 이상이어야 하며, 창문 하단 높이는 120cm이하

⑤ 완전하게 개방되지 않거나 밀폐된 창문의 경우는 비상탈출용망치를 비치할 것

⑥ 연속된 층에 완강기 설치 시 지그재그로 설치하여 탈출 시 겹치지 않도록 할 것

⑦ 숙박시설의 객실은 객실마다 완강기 또는 간이 완강기 2개이상 설치할 것

등에 대해 규정하고 있으며, 이러한 법적기준에 따라 완강기가 설치되어 있는지 점검하는 활동이 필요하다.

아울러 이렇게 설치된 완강기를 위급 시에 어떻게 사용해야 하는지에 대해서는 평소 교육이나 외부 안전체험관(대한안전교육협회, 소방안전체험관 등)을 통해 체험하는 것이 유사시 신속하게 대응할 수 있는 방법이다.

### ‡ 완강기 사용법

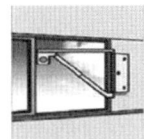
❶ 지지대를 창밖으로 꺼낸다.

❷ 지지대 고리에 완강기 후크를 건다.

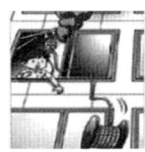
❸ 릴(줄)을 창밖으로 던진다.

❹ 완강기 벨트를 가슴에 안전하게 건다.

❺ 벽면을 타고 안전하게 내려간다.

자료:국민안전처(전 소방방재청)

> Tip. 실제 대피훈련을 해보면 많은 구성원들이 '바쁜데 왜 이런 것을 하지?'라며 대부분 짜증과 함께 투덜거리며 훈련에 임한다. 따라서 골든타임을 정하고 시간 내에 대피하지 못할 경우, 사망자수를 시뮬레이션 하는 것은 매우 의미 있는 일이라 생각한다. 결국 평상시 잘 돌아가던 뇌도 스트레스 상황에서는 허둥거린다. 그러기에 자동 반응이 일어날 때까지 반복훈련을 하는 것이 매우 필요하다.

## 5. 안전경영 시스템 5단계 [ 진단 ]

진단 단계는 **'안전경영 시스템을 정기적으로 진단하고, 지속 가능한 개선을 추진하는 활동'**으로 인식, 개선, 예방, 대응 단계별 프로세스에 대해서 효과적으로 안전경영 시스템이 가동되는지를 확인하는 과정이다

구체적으로는 인식 단계에서 정의된 Risk Top 10 개선 완료된 과제의 파급력과 발생빈도, 관리수준에 대한 재평가를 통해 위험도가 개선 전후 얼마나 낮아졌는가를 평가한다. 이러한 과정을 통해 Risk Top 10의 우선순위는 달라질 수 있다.

개선 단계에서 경영자의 의사결정에 따른 과제 완료율을 확인함으로써 실행부서의 실행력을 평가할 수 있다. 예방 단계에서는 개선 결과가 사전 안전성 평가 기준(SDR)에 반영이 되어 있는지, 그리고 현장에 사전안전성 평가 기준이 올바르게 적용되었는지를 평가 함으로써 '안전경영 시스템을 고도화' 하는 것이다.

즉, Plan – Do – See의 과정을 순환함으로써 형식적인 시스템이 아닌 진정성을 바탕으로 한 강한 실행력을 갖춘 안전경영 시스템을 통해 끊임없는 변화와 혁신을 실행하는 것이다.

※ Risk Top 10 재평가 결과

| 순위 | 2020년 | | 2021년 | |
|---|---|---|---|---|
| | Risk | 위험도 | Risk | 위험도 |
| 1 | 대형화재 | 75 | 대형화재 | 30 |
| 2 | 끼임(산업재해) | 48 | 끼임(산업재해) | 27 |
| 3 | 전기사고(화재, 감전, 정전) | 36 | 전기사고(화재, 감전, 정전) | 24 |
| 4 | 추락/충돌(산업재해) | 27 | 추락/충돌(산업재해) | 18 |
| 5 | 악취 | 18 | 폐수누출(환경사고) | 18 |
| 6 | 폐수누출(환경사고) | 18 | 질식사고 | 16 |
| 7 | 질식사고 | 16 | 악취 | 12 |
| 8 | 분진폭발 | 12 | 분진폭발 | 12 |
| 9 | 소음/근골격계 질환 | 12 | 소음/근골격계 질환 | 12 |
| 10 | 유해화학물질 누출 | 12 | 유해화학물질 누출 | 12 |
| 합계 | | 274 | 전년비 위험도 34% 감소 | 181 |

또한 컴플라이언스 경영과 연계하여 안전환경 법규의 지속 강화에 따른 의무이행 통제방안이 제대로 수행되고 있는가를 매년 컴플라이언스팀과 진행하고 있다. 안전경영 진단을 통해 도출된 부적합 사례와 우수사례(Best Practice)를 수평전개 할 뿐 아니라, 지속적인 평가를 통해 컴플라이언스 경영이 제대로 실천될 수 있도록 하고 있다.

※ **안전경영**(컴플라이언스) **진단**

- 안전환경 법규의 지속 강화, 의무 이행 통제방안으로 컴플라이언스 (준법) 진단(2회/년)
- 사업장 대상으로 법적사항 준수 여부 확인 및 진단을 통해 역량 향상& BP 수평전개

■ 운영 절차

진단 실시 ➔ 부적합, BP 발굴 ➔ 개선, 수평전개 ➔ 정기 트래킹 (지표 보고)

■ 주요 진단 항목
안전/보건: 고소작업, 가공 및 적재공정, 입/출고공정 안전조치 현황
전기/소방: 전기 법적직무 및 안전관리 현황, 수신반 및 소방펌프 작동 점검
환경: 대기배출/방지시설, 폐수처리장, 폐기물 보관장, 화학물질 취급 시설 관리 현황 등

회사의 중장기 목표와 성장을 견인하기 위해서 안전경영 전략을 수립하는 것은 중요한 경영활동이라고 할 수 있다. 다만, 안전경영 전략은 거창한 구호적인 목표보다는 사고를 제로화하고, 예방 관리를 체계적으로 확보하는 방향으로 수립되어야 한다.

최근 ESG 경영이 화두가 되면서 상장 기업을 대상으로 지속가능경영 보고서 공시 의무화가 공표 되었다. E(Environment, 환경), S(Social, 사회), G(Governance, 지배 구조)평가를 정량화하여 비교 평가함으로써 투자자로 하여금 선택적 투자를 할 수 있는 정보를 제공하고 있다. 앞에서 기술한 안전경영 시스템은 E(Environment, 환경)와 S(Social, 사회)영역에서 도출된 이슈를 해결하기 위한 방법론으로 적용이 가능하다.

인식 단계에서 기업을 둘러싼 모든 이해관계자의 VOC(Voice of customer)를 기반으로 Risk Top 10을 선정하고, 개선 단계부터 예방·대응·진단 단

계에 이를 적용함으로써 성공 사례를 만들고, 이를 지속가능경영 보고서에 반영할 수 있다.

실제로 필자의 회사도 지속가능경영 보고서를 2014년부터 통합 보고서로 발간하여 DJSI(다우존스 지속 가능 경영 지수, Dow Jones Sustainability Indices)경영 평가에서 국내 식품업계 최초로 보고(공개)하였다. 또 SDGBI(유엔 지속 가능 개발 목표. Sustainable Development Goals Business Index) 평가 지표에서도 최우수 그룹으로 선정이 되었다.

기업의 전략은 그 조직의 경영철학과 핵심 가치에서 시작한다. 안전경영도 사람의 인명(人命)을 최우선으로 하는 인간 존중의 경영철학에서부터 시작하여 안전을 경영의 최우선 가치로 하는 문화를 만들어내도록 상시 마인드셋 해야 한다.

이러한 안전제일 마인드셋 하에 안전경영 시스템을 지속 실천함으로써 사고 발생을 최소화하고, 예방관리 체계가 고도화되도록 세부계획을 전략에 포함해야 한다. 리스크 개선을 위한 중장기 인프라 투자 계획을 수립한 뒤, 매년 경영 계획에 반영하고, 실천을 통해 위험도(RPN, Risk Priority Number)를 매년 평가하는 순환체계를 구축하여야 진정성 있는 회사로 성장해 나갈 것이다.

# Part 6

## 현장을 개혁하라
(개선여행, Manufacturing Innovation)

> "수레는 하늘이 낸 물건이로다.
> 조선에 수레가 다니지 않기에 백성들의 살림이 가난하다."
>
> -<열하일기> 중에서

연암 박지원은 '열하일기'에서 당시 청나라가 수레를 통해 물자를 나르는 것을 보고 조선의 우매함과 게으름을 한탄했다. 분명히 수레라는 물건이 존재함에도 조선사회에서는 그것을 사용하지 않았다.

당시 양반들이야 비가 와도 가마를 타고 다닐 수 있으니 도로를 넓힐 필요가 없었다. 그러나 장사를 하는 상인들은 비가 오면 진흙탕에 빠지면서 겨우 한 사람이 지날 수 있는 길을 말고삐를 잡고 가야 했다.

정치를 하는 사람들은 항상 백성의 안위를 생각하고 걱정해야 한다. 백성의 삶은 나 몰라라 하고 자기 곳간만 채우려 한다면, 나라는 부패하고 존립에 위협을 받는다. 현대사회에서 기업 역시 직원들의 안전과 복지에 많은 투자를 기울여야 한다.

현장 직원들 또한 회사에서 마냥 무언가를 해주기를 바라지 말고, 스스로 주변의 위험을 찾아서 개선하려는 자발적 노력이 필요하다. '우는 놈 젖 준다'고 절실해야 뭐든지 이룰 수 있는 것이다. 손뼉도 마주 쳐야 소리가 나듯이 기업과 직원이 안전경영에 대해 서로가 할 수 있는 최선의 방안을 찾아 진행하는 것이 중요하다.

앞장에서 설명한 **안전경영 5대 체계가 하향식 시스템을 지향한다면, 이번 장에서 논할 개선여행은 상향식 개혁 시스템이라고 말할 수 있다.** 둘은 따로 분리되어 운용되는 것이 아니다. 순서상 개선여행 4단계 프로세스를 먼저 정립하고, 안전경영 5대 체계를 만들었지만 둘은 상호보완적이다.

현장 근무자의 자발적 참여와 리더의 관심은 안전경영을 완성하는데 필수불가결한 요소다. 리더는 직원들에게 벌을 주기보다는 칭찬과 격려를 많이 해줘야 한다. 구성원 역시 주변의 불합리한 요소를 개선하기 위해 자발성을 갖고 즐겁게 임해야 한다. 그런 의미에서 개선여행은 정말로 여행을 떠나는 것처럼 즐거운 마음으로 접근해야 한다.

## 1. 오지를 탐험하듯 '개선여행'

현장을 바꾼다는 것은 어느 분야에서나 쉽지 않은 일이다. 더구나 오랫동안 관성에 젖어서 생활을 해온 조직은 변화 자체를 두려워한다. 아니 두려움을 넘어서 저항하는 경우가 많다. 그것은 아마도 익숙한 것에서 벗어나기를 싫어하는 인간의 본능 때문이리라.

또 새로운 변화가 자칫 자신의 밥그릇을 빼앗지 않을까 하는 불안심리도 작용한다. 예를 들어 조직 변화를 꾀하기 위해 TFT팀이 구성되었을 때 '내가 저기에 차출되어 갔다가 낙동강 오리알 신세 되는 거 아냐' 하는 생각을 할 수도 있다. 조직에서 간혹 특정인을 날려버리기 위해 그런 팀을 구성하기도 하니 일면 이해가 가기도 한다.

따라서 조직에서 변화를 성공적으로 이끌기 위해서는 믿음이 제일 중요하다. 그렇다고 무조건 "나를 믿어라" 할 수는 없으니 리더가 솔선수범을 보여야 한다. 그래야 구성원들이 조금씩 마음의 문을 열기 시작한다.

일단 서로가 마음의 문을 열게 되면 '절반의 성공'이라고 말할 수 있다. 하지만 대부분 거기까지 가지 못하고 용두사미로 그치고 만다. 이유는 '밥 먹고 살기 위해 어쩔 수 없이 해야 하는 일'로 인식하기 때문이다. 그 순간 변화에 대한 열정은 사라지고 모든 것이 귀찮아 진다.

'아니 이 일을 굳이 하지 않아도 월급은 또박또박 나오는데 귀찮게 왜?'

이런 '귀차니즘'이 만연하는 순간 개혁은 실패한다. 그것은 리더가 구성원들에게 비전에 대한 희망을 보여주지 않았거나 현실에 대한 인식 없이 무리한 목표치를 제시했을 가능성이 크다. 또 상명하복 식 일방적인 의사소통이 구성원들의 반감을 샀을 수도 있다.

삼성그룹에서 퇴임을 하고 나서 잠시 쉬는 동안에 현장혁신에 대한 생각이 많았다. 현장 혁신이 다분히 형식적이고 반복되는 업무로 느껴져서 발전이 없었던 것이 아쉬웠다. 회의록이나 보고서로 평가하는 것은 그야말로 탁상공론이라는 생각이었다.

임원들이 현장에 와서 쓱 둘러보고 금일봉 좀 주면서 말로만 "잘했어" 해봐야 아무 소용이 없다는 얘기다. 그런 식으로 기업의 관리자들이 아무리 현장을 다녀도 사각지대가 있는 것을 모른다. 그러면 공장에는 많은 불합리가 쌓이기 시작해서 언젠가는 사고로 연결되기 마련이다. 그래서 현장의 구성원들이 스스로 참여해서 뭔가 해낸 뒤 성취감을 느낄 수 있는 혁신이 되어야 한다는 것을 뼈저리게 느꼈다. 그 과정에서 구성원들이 문제해결 능력을 키우고, 관리자와 커뮤니케이션이 되는 모델을 진정한 현장 혁신을 꿈꾸었다.

이런 고민의 결과가 오지를 탐험하듯이 공장의 불합리한 곳을 찾아 다니는 개선여행 프로그램이다. 2009년 7월 신동방으로 발령을 받아 그 동안 구상했던 개선여행을 맘껏 펼칠 기회가 찾아왔다. 지금은 퇴직했지만 거기서 황우경님을 만난 것은 참으로 행운이다. 그를 통해서 내가 꿈꾸어왔던 것들을 시작할 수 있었다.

얼마 전 그를 만나 점심식사를 하면서 개선여행에 대한 이야기를 나누었다. 관리자가 추진하고자 했던 프로젝트를 현장에서는 어떻게 생각하고 있었는지 들을 수 있는 소중한 기회였다. 잠시 그의 육성을 지면에 옮겨본다.

### ✝ 황○○(신동방 개선여행 시작)

"처음 신동방에 김근영님이 오셨을 때 "현장에 가봅시다" 했다. 관리가 소홀한 사각지대를 보고 싶다고 하셔서 제일 지저분한 데로 안내했다. 거기가 어떤 데냐 하면 전분생산의 마지막 코스인 건조과정인데, 지붕에서 물이 새고 전분가루가 떡이 지고 녹이 져서 시뻘건 곳이었다.

보통 공장관리자가 오면 자기가 보고 싶은 데, 위에다 보고하기 좋은 곳만 둘러보곤 했다. 그래서 처음에 이 분이 참 드러내놓기 부끄러운 곳을 보자고 했을 때 썩 내키지 않았다. 행여나 '꼬투리를 잡아서 누구를 문책하려고 하나' 그런 생각이 우선 들었기 때문이다.

그런데 시간이 흐를수록 이분의 진심을 알게 되었다. 그때부터 나는 '이분을 위해서라면 일을 한번 제대로 해봐야겠다'고 다짐했다. 그렇게 나의 개선여행이 시작되었다. 오전에 사무실 일을 보고 오후 2시쯤 점심을 먹고 바로 현장으로 달려갔다.

현장에 가서 일단 관리 사각지대의 불합리한 곳의 사진을 다 찍었다. 처음에는 혼자서 하다가 도저히 힘이 달려 나중에 공무팀에 지원해달라고 요청했다. 그런 다음 문제의 전분라인 개선한 것을 CJ월드에 사진을 올렸다. 개선여행이라는 표현도 이때 처음 사용했다.

대략 40일 정도 걸리겠거니 짐작하고 '40일개선여행'을 시작한 것이다. 그 과정을 기록으로 남기고 혁신분위기를 만들고 싶었다. 그랬더니 처음에는 이상한 시선으로 바라보던 동료들이 점차 관심을 가지게 되었다. 날이 갈수록 오늘은 뭐가 올라올까 기다리게 됐다. 이제 현장 동료들의 시선이 온통 나에게 쏠려있었다.

그러다 개선여행 20일차에 시프터 교체 문제를 제기하니 "이게 얼마나 한다고" 하면서 공무팀 통해서 바로 교체를 해줬다. 그 전에는 누가 그 문제를 꺼내는 사람도 없었고, 설령 얘기를 한다고 하더라도 이상한 사람 취급하거나 묵살하기 일쑤였다.

40일 개선여행이 끝나고 사원들한테 발표를 하게 되었다. 최대한 사람들의 마음을 움직이기 위해 사진을 동영상으로 편집했는데, 이미 동료들의 눈빛을 통해서 뭔가를 느낄 수 있었다. 그것은 '아, 우리도 할 수 있구나' 하는 어떤 자신감이었다.

그래서 2009년 11월에 1층에 있는 사무실을 다 비우고 그 자리에 개선여행사를 만들었다. 졸지에 나는 여행사 사장(?)이 되었다. 직원 한 명과 함께 그 넓은 공간에서 혁신업무를 시작했고, 정말 센세이션을 일으켰다. 결국 기존 분임조를 해체하고 개선여행단으로 바꾸는 계기가 되었다.

이후 공장 내 개선여행단이 5개 정도 있었다. 내가 퇴직을 하고 후임 조현 님이 더욱 계승 발전을 시켰다. 그것이 지금은 인도네시아를 거쳐 말레이시아까지 글로벌 개선여행으로 확대되고 있다고 들었다. 김근영님이 아니면 불가능한 일이었고, 내 직장생활에서 가장 행복한 여행으로 기억에 남는다."

아무튼 황우경 님이 직원들 앞에서 발표를 하는데 사람들이 여기저기서 막 울먹이기 시작했다. 교대조로 일하면서 그런 감동은 처음 받아본 느낌이었다. 그 이후 누가 시키지도 않았는데 추운 겨울에 퇴근도 안 하고 움직이는 것을 보았다. 나는 그들의 순수한 마음과 열정이 고마워 진솔하게 내 의사표시를 했다.

"이거 하느라 밤샘했다며?"
"…… ……"
"진짜 고생 했다."

이 한마디는 12월 동장군도 무너뜨릴 만한 힘이 있었다. 사실 구성원들은 자신이 힘든 일을 하는 것을 상사가 알아줄 때 일할 맛이 난다. '칭찬은 고래를 춤추게 한다'는 말처럼 작은 관심으로도 소통과 공감이라는 큰 선물을 받게 된다.

나아가 나는 현장 직원들이 지금의 상태에서 더 성장하기를 원했다. 추운 데서 일하는 이 사람들이 어떻게 하면 성장할 수 있을까에 대한 고민을 수 없이 했다. 혁신과정을 통해서 얻은 성취감과 문제 해결능력을 그냥 허비하지 말고 공장의 관리자로 성장할 수 있도록 지원해야겠다는 꿈을 품게 된 것이다.

구성원들과 커뮤니케이션 하면서 그 현장을 알게 되었으니 그 다음에 서포트를 할 차례였다. 진정한 서번트리더십은 상대방이 필요로 하는 것을 묵묵히 지원해주는 것이라고 생각한다. 그 성장지원에 대한 꿈은 부산에서 꽃을 피우게 되었다. 이는 맨 뒤 '사람이 희망이다'에서 간략하게 얘기할 예정이다.

## 2. 개선여행의 4가지 프로세스

신동방에서 시작한 40일 개선여행은 시스템적으로 공장을 혁신하는 첫걸음이었다. 기존 분임조가 생산라인 별로 개선여행단으로 바뀌었다. 그 과정에서 오류도 있었지만, 하나하나 수정하고 보완해 나가면서 점차 틀을 갖추게 되었다.

나는 지금까지 제조 사업장에서 상시 혁신을 실천하는 조직문화를 만들기 위해서 지속적으로 현장혁신 활동을 추진해 왔다. 기업의 경쟁력을 높이기 위해서는 제조 기술력 향상과 인적 자원의 육성이 필수적이다.

현장혁신을 통해 제조 현장의 실무 인력을 육성하고, 이것이 곧 제조 기술력의 향상으로 이어진다는 신념을 갖고 있었다. 무엇보다 한국인의 체질에 맞는 현장혁신을 실행하고자 노력했다.

기존에 늘 관행적으로 이뤄졌던 개선 활동은 정해진 틀(개선 Step)과 양식(Tool)에서 벗어나지 못한 채 다람쥐 쳇바퀴 돌듯이 반복되었다. 어느 수준만큼 올라가면 슬럼프에 빠져서 주춤하게 되고, 다시 백 투 더 베이직(Back To the Basic)이 되어 원점으로 되풀이되곤 했다.

이것을 지켜보면서 변화하지 못하는 성장의 한계에 늘 안타까운 마음이었다. 과거보다 자발적으로 구성원 모두가 참여할 수 있는 기반을 지속적으로 추진하는 어떤 동력이 필요했다. 그래서 현장혁신을 재미있는 활동으로 생각하는 인식의 전환이 필요하겠다는 판단을 했다.

마침내 개선을 여행하듯 즐기는 현장혁신 활동이란 의미로 '개선여행'이라고 이름을 붙였다. 이는 새로운 패러다임으로 한국인의 체질에 맞는 현장혁신 활동으로 자리잡게 되었다.

우선 개선여행의 운영 사무국은 여행사(상품 기획) 역할을 하게 된다. 여기서 개선여행지를 팀 또는 동아리(분임조)를 여행단으로 조직하여 각 여행단의 선호도에 맞게 선택할 수 있도록 지원한다. 개선여행지를 각자 여행단의 여건과 체질에 맞게 설계해주고, 여행지가 선정이 되면 각 여행단에서는 여행지의 문제점(불합리)에 대한 책임을 묻지 않겠다고 다짐한다.

**신뢰(Trust)를 바탕으로 오픈(Open)할 수 있도록 한 것이다.**

그 다음으로 리더와 문제점을 공감하고 소통하는 자리를 마련했다. 리더와 스탭이 함께 여행단 활동을 지원할 수 있도록 **지속적인 커뮤니케이션(Communication)과 지원(Support) 활동을 실시했다.** 매주 1회 이상 자발적인 개선여행 활동과 지원을 통해 리더와 구성원 간의 벽이 허물어지고, 공감대와 소통이 이루어지게 되었다.

즐거운 조직문화와 팀웍(Team-work)은 지속적이고 꾸준한 현장혁신 활동의 원동력이다. 최초 도입 사업장은 개선여행이 어느덧 10년째 접어들고 있다. 2019년부터는 본사에 현장혁신 사무국을 두어 전사적으로 확대 적용하여 무한 혁신의 개선여행을 운영하고 있다.

모든 제조 사업장 현장 분임조에서는 자율적으로 개선여행 과제를 반기별로 선정한다. 공장 또는 팀 조직의 성과와 연계된 과제 또는 KPI를 개선여행으로 목표로 달성하고 있다. 성과평가 결과는 상/하반기 각 3번, 매월 Best Technician 전사 경연대회와 반기 결산 마스터즈 전사 대회를 연다. 연말에는 대표이사 및 임원평가로 시행되는 명실공히 최고의 제조혁신 Innovation Fair 전사 혁신대회를 개최한다.

최고 경영진(CEO)이 최일선에서 근무하는 현장사원과 함께 공감하고, 소통하고, 격려하는 축제의 장을 함께 나누는 것이다. 개선여행은 현장의 변화도 발생시키지만, 궁극적으로는 생산성에 기여하게 된다. 이를 통해 현장과 조직(회사)은 함께 선순환적으로 성장할 수 있다. 따라서 현장혁신과 개선여행의 핵심 요소는 능동적이고, 자발적인 활동으로 전환이 필요하다.

그러면 우여곡절 끝에 탄생한 개선여행의 4단계를 하나씩 짚어보고자 한다. 1단계(공유/Open), 2단계(소통/Communication), 3단계(지원/Support), 4단계(성공/Success)는 엄동설한 추위를 잊고 열정으로 만들어낸 개선여행의 결정체이다.

부디 이를 도입하고자 하는 조직에서는 상세 활동을 차근차근 실행하여 더욱 발전된 현장혁신의 조직문화를 만들기를 바란다.

※ 개선여행 4단계

■ 개선여행이란
- 뭔가 재미있는 현장혁신 활동? 기존 TPM, 7Step만 늘 반복??
- 현장 개선을 여행 하듯이 해보자! *Back to the Basic*

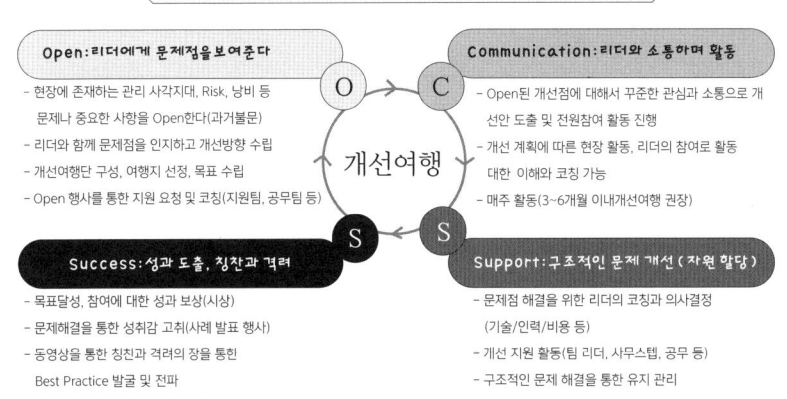

# 1단계(공유/ Open)

현장의 문제점을 정직하게 보여주는 **'문제의 가시화'** 단계다.

현장 분임조(또는 동아리 등)에서는 자체 생산 활동 중에 관리 사각지대나 현장 문제(이슈, 불합리 대상 전반)가 발견되면 반드시 리더(팀장, 공장장)에게 그러한 문제점을 숨김없이 오픈(Open)하여 모든 문제(이슈, 사고 등)를 가시화 한다.
이를 실행하기 위한 개선여행 'OPEN 공유회'(공청회, 개선여행 소통 회의 등)를 통해서 전체 개선여행단의 시작을 조직 내에 공표하게 된다. OPEN 공유회에 앞서 각 여행단에서는 우선 현장 확인을 통하여 개선여행사인 사무국과 협의하여 개선여행지 선정, 여행단 구성, 여행명 결정, 문제점 발굴, 여행계획 일정 등을 구체화하기 위한 준비를 한다.

기존의 분임조 개선 테마 활동은 주로 주제 선정, 활동계획 수립, 현상파악, 원인분석, 목표설정, 대책수립, 대책실시, 효과파악, 표준화, 사후관리 등 문제해결 10단계에 따라 개별개선 테마 활동에 맞추어서 활동했다. 그러다 보니 이전에 개선 경험이 많은 사람 위주로 진행되고, 자료 정리는 신입 사원이나 소수 인원이 담당하여 발표하는 경향이 많았다.

이를 극복하고자 실제적인 개선의 본질에 중점을 두고, 현장의 확실한 변화를 이끄는 개선여행 활동으로 전환하게 된 것이다. 먼저 개선여행의 처음 단계인 OPEN이 시작되면 팀 리더와 여행단 전체가 개선여행지의 초기 청소나 현장 탐방을 통해 낭비와 불합리 개소를 발굴한다. 결함, 발생원, 곤란개소, 안전환경, 정리정돈, 의문점 등 6가지를 유형별로 분류하고 리스트를 작성하여 개선 계획을 수립하게 된다.

주어진 현장 상황에서 기존의 마이 에어리어(My-Area), 마이 머신(My-Machine) 활동은 현장 구성원의 업무를 분담하는 데 기여하였다. 하지만 전원이 참여하는참여의 현장 활동으로는 정착되지 못하였다. 현장을 직접 담당하지 않는 지원 부서(기술팀, 공무팀, 지원팀 등)가 동참하는 활동이 더욱 효과적일 것이라 보고 공장장(경영자) 및 팀장(리더)의 정기적인 지원(주/격주 1회 이상)을 유도했다.

이를 통해 정리정돈과 초기 청소에 동참하도록 하여 현장의 문제에 대한 공감(Open)을 바탕으로, 함께 해결을 모색하는 활동을 수행했다. 이는 현장혁신의 개선 역량을 갖춘 적극적이고 건전한 조직문화로 발전할 수 있는 길로 정립이 되었다.

특히 OPEN 단계에서는 생산 부서의 고충을 간접 부서에서도 인식할 수 있도록 해야 한다. 해당 문제뿐만 아니라 기존의 업무 프로세스에 있어서도 더욱 협력이 필요하다. 내가 부산공장 공장장 시절에 추진한 현장혁신 활동을 간단하게 소개하고자 한다.

식품공장 현장의 내부는 기본적인 위생 관리를 계획 하에 실행하므로 이러한 지원이 크게 효과적이지 않다. 그러나 관리의 사각 지대라고 할 수 있는 중층 천정, 물류 창고, 지하 유틸리티동 등에는 평소에 현장 관리의 손길이 미치지 못하는 지역이 많아서 첫 개선여행지로 중층 천장을 선정하였다.

중층 천장은 20여 년 동안 생산 라인을 신설 및 증설하고 가동하는 동안 한번도 개선하지 않는 곳으로 직접 기술팀과 함께 활동을 시작하였다. 부적합한 전선과 구조물, 각종 건축자재, 오염물이 과다하여 처음 1개월간은 집중 활동으로 추진하던 계획을 확대했다. 각 팀 리더뿐 아니라 공무팀 공사 담당까지 동참하게 되었고, 거의 10여 톤에 달하는 불용 자재 등을 우선 제거했다.

또한 효과적으로 청소하기 위해 진공 청소기를 지원하고, 이동 통로에 전등을 설치하여 밝은 환경에서 유지 관리가 가능하도록 취약한 현장을 확실하게 변화시켰다. 개선여행을 함께 하면서 기술팀, 생산팀, 공무팀 업무 담당자들이 그동안 관리 사각지대로 방치해 두었던 곳이 드러났다. 자신들의 무관심에 문제의식을 갖고 더 효과적이고 빠른 개선을 위해서 지원하고 공유하고, 소통하는 활동을 통해 개선여행의 속도를 더욱 높일 수 있었다.

초기 청소 완료 후 중층 공간에 포설되어 있던 화재(발화원)의 위험성이 있는 사용하지 않는 노후 전선도 제거하였다. 또 조명을 설치하여 월 1회 취약 지역에 대한 유지 관리 및 점검을 할 수 있도록 하는 실질적인 성과를 거두었다. 공무팀에서는 생산라인 구축 후 시행하는 마감공사 시에 협력사에 대한 필수 관리요소를 산출하고, 차기 시설공사 시에 취약 지역을 별도 확인하여 개선 조치를 완료해야만 준공을 승인하는 준공 승인 프로세스를 마련했다.

기술팀에서는 청소 도중에 볼트, 너트 등의 치명 이물과 천정 구멍으로 벌레 등의 이물이 혼입될 수 있는 개소를 직접 눈으로 확인했다. 공정에서 빛이 통과하는 구멍은 실리콘으로 마감하는 조치(Quick Action) 등 기본적인 클레임 예방 활동도 추진했다.

이렇듯 기존의 개선 활동을 여행단의 형식으로 전환하고 조직 간의 소통과 함께 신뢰를 바탕으로 공동의 문제를 해결하는 과정을 진행했다. 이를 통해 분임조 활동으로 해결할 수 없었던 고질적이고 만성적 문제들도 해결하는 계기가 되었다. 개선여행은 현장이 기반이 되는 제조 고유의 현장 혁신 문화로 만들어 갈 수 있다고 확신한다.

## 2단계(소통/Communication)

현장과 리더가 **소통하고 공감하는** '관심/코칭' 단계다.

제조 사업장(공장)에서 현장 라인의 많은 문제를 직접 개선하는 활동을 수행하면서 과정보다는 결과가 중시되는 경우를 많이 보았다. 과거의 조직문화는 '열심히 일하는 태도'를 인정하는 데 인색한 편이었다. 최종 결과물(ex.과제, 테마 완료 보고서)을 리더(경영자) 앞에서 발표(ex.분임조 발표 대회)하고 그 결과를 평가하여 순위를 매기는 방식으로 현장혁신을 진행하다 보니 현장개선 활동에 대한 평가가 '결과 중심'으로 이루어지는 경우가 많았다.

현장혁신과정에서 많은 시행착오를 겪으면서 구성원들의 의견 수렴, 공감, 직접적인 이슈 해결 등을 통해 리더가 현장의 문제에 공감하고, 구성원이 최선을 다하는 노력의 과정을 직접 확인하여 인정하는 것이 매우 중요하다.

2단계 소통은 개선여행의 전체 여정을 구성원들만의 활동이 아니라, 경영자(공장장) 또는 팀장(리더)이 함께 해야 한다. 현장 업무의 역할 분담 및 진정성 있는 참여 활동을 유도하는 소통이 무엇보다 중요하다. 따라서 각 개선여행단별로 개선여행지에 대한 정보를 공유할 수 있도록 사무국에서 여행단별 활동 내용을 메일(e-mail)로 발송하고, 커뮤니티(CoP)를 통해 소식지 형태로 공유하여 공감 소통의 분위기를 만드는 것이 필요하다.

전체 사무국에서 개선여행 활동 시작과 중간 과정에서 상호 지원, 벤치마킹 등의 상호 활동을 기획하여 운영하는 것도 좋은 방법이다. 일단 개선 활동이 시작되더라도 개선의 속도는 지연되기 마련이다. 리더(팀장, 공장장)의 현장 활동의 주기(1~2주 간격)를 정하여, 계획에 따라 현장을 방문하여 소통하는 활동을 추진해야 한다.

교대가 있는 근무환경에서는 활동 결과를 요약하여 활동 게시판(VP보드, Visual Planning/온라인 CoP 등)에 코칭 내용 등을 필수적으로 공유함으로써 활동을 독려하는 방법도 유용하다. 아울러 현장 변화의 속도가 빠르거나 전원이 적극적으로 참여하는 여행단에 대해서는 격려 회식 등을 제공한다. 노고를 인정하고, 공개적인 행사를 통해 지속적으로 활동을 견인할 수 있도록 동기부여를 해야 한다.

사무국 역시 제조 사업장 전체 개선여행 활동을 정기적(격주 또는 월간)으로 공유한다. 공무/보전/전기안전, 기술/식품위생, 물류/생산지원, 환경개선 등의 공통 업무를 지원하는 지원단을 구성하여 현장을 지원함으로써 부서간 시너지 효과를 가져올 수 있다. 이러한 기반 활동을 통해서 건전한 변화와 강한 현장혁신 문화가 전체 조직 문화로 자리잡을 수 있다. 구성원들이 재미와 보람, 긍지를 느낄 수 있도록 소감을 나누는 활동을 비롯하여 현장 변화와 혁신의 속도감을 느낄 수 있는 활동도 준비해야 한다. 개선여행단이 세운 계획을 실행하지 못하고 난관에 봉착한 경우, 사무국에서 애로사항을 파악하여 리더에게 상황을 보고하여 효과적인 실행을 위한 동력을 제공할 수 있도록 하는 것도 잊지 말아야 한다.

## 3단계(지원/ Support)

리더의 지원으로 **문제를 해결하는 '리더의 참여와 지원'** 단계다.

현장혁신과 개선여행의 모든 운영 프로세스는 한 개 분임조만의 역량으로 극복하기에는 분명한 한계가 있다. 이를 지원하는 조직(공무, 환경안전, 기술/품질, 생산지원 등)의 역할이 매우 중요하다. 특히, 현장 분임조 단위에서 감당할 수 없는 범위의 문제를 해결하는 것이 가장 핵심적인 실행요소다.

현장의 구조적인 문제 해결은 지원 부서의 역할이 중요하다. 향후 변화와 혁신의 조직문화로 정착시키는데 있어서도 큰 부분을 차지한다. 생산 계획에 따라 인원 구성, 역할 분담이 이루어지기 때문에 제조 업무를 수행하는 필수 인원으로 개선여행 업무까지 수행하기 어렵다는 것이 현장의 애로사항(목소리)이다.

오픈, 소통, 지원 순서로 개선여행의 운영 프로세스를 실행할 때 현장 초기청소를 지원하는 1회성 지원이 아닌 지속 가능한 지원 체계가 요구된다. 이를 위해서는 각 기능 부서별로 구조적인 과제를 해결하는 것이 지원 단계에서 가장 중요한 활동이다.

현장의 구조적인 문제는 안전, 환경, 식품위생, 보관/물류 등의 시설 인프라가 확보되지 않은 상태 등이다. 구조적인 문제 해결 없이 3정5S 관리를 수행하게 되면, 한두 번은 깨끗하게 초기 수준으로 복원할 수 있으나 지속적인 유지관리를 하지 못하게 된다. 시간이 경과하면 현장의 상태가 원래대로 돌아가고, 관리 활동만을 반복하는 악순환이 계속되는 상황을 마주하게 된다.

시설 인프라를 구조적으로 개선하게 되면 구성원에 의한 관리가 필요하지 않게 되거나, 관리 업무가 최소화 된다. 현장을 최적의 상태로 지속적으로 유지할 수 있으므로, 이를 목표로 개선여행을 지원하는 활동이 핵심 포인트다.

다음으로 중요한 지원 활동은 현장 구성원을 대상으로 개선 역량을 강화할 수 있도록 교육하는 일이다. 개선 테마 사례 및 도구(Tool), 타 사업장 사례를 확인하는 벤치마킹, 선진 회사 현장 교류를 통한 간접기회 부여 등 각자 분임조 수준에서 추진하기 어려운 부분을 통합하여 운영하는 사무국의 역할도 중요하다.

과거처럼 컨설턴트에 의한 틀에 박힌 이론식 교육을 탈피하고, 자사의 성공사례와 경험을 빠르게 공유(동영상, 테마 성과물 등)하고, 상시 과제 해결을 지원하는 실무 교육을 효과적으로 시행해야 한다. 집합교육뿐 아니라 팀 리더와 서포터로서 참여와 경험을 통해 현장의 문제해결 역량을 기르는 일도 빠트릴 수 없다.

## 4단계(성과/Success)

현장혁신 개선여행의 마지막 단계는 '개선의 결과물을 성과로 완성하는 것'이다.

3~6개월의 개선여행 활동 기간 개선여행지에는 많은 변화로 전 구성원이 성공을 체험하고 공감하게 된다. 경험 상 개선여행을 한 모든 조직에서 소통과 지원의 분위기로 이룬 개선여행 목표 달성은 기대 그 이상의 성과를 항상 이루어내었다. 구성원과 리더가 소통해온 모든 과정을 통해 상하 및 수평 관계의 벽이 허물어지고, 상호 신뢰(trust)가 형성되어 팀워크가 크게 향상된 분임조들은 성공적으로 개선여행을 수행하였다.

개선여행을 시작하고 10여 년이 지난 지금까지도 자발적·자율적으로 운영하고 있는 조직을 알고 있다. 이 조직은 어느 누구도 강조하지 않았고, 특별한 성과 보상도 없었다. 심지어 운영 사무국이 1년간 부재 중으로 전체 분임조(동아리)활동이 중단되었던 때도 개선여행만은 꾸준한 활동으로 지속해 왔다.

개선여행을 경험한 조직은 현장혁신의 성과를 통해 일터의 문화가 달라지고 팀워크가 좋아진다는 사실을 잘 알게 된다. 개선여행 운영 주기는 제조 사업장의 경우, 기본적으로 분기/반기/연도 등을 기준으로 사업장 여건에 맞게 자율적으로 운영할 수 있다.

때문에 개선여행 사무국의 운영 계획을 기반으로 각 분임조가 여건에 맞게 차근차근 추진하고 진정성 있게 운영하는 것이 중요하다. 여기서 현장

혁신(개선여행) 사무국 인력을 구성할 때 앞에서도 강조한 '서번트 리더십'을 갖춘 현장 리더(직장 등) 경험이 있는 인력을 선발해야 한다.

왜냐하면 현장혁신은 가장 기본적인 3정5S 활동부터 시작하기 때문에 현장혁신을 주도하는 마음가짐이 무엇보다도 중요하기 때문이다. 또 전체 현장 분임조를 이끌고 개선여행의 여정에서 마주칠 현장의 어려움을 공감하고, 소통하고, 해결 방법을 제시하고, 이를 실천할 수 있도록 하는 역량도 갖추어야 한다.

제조 사업장에서는 개선여행 사무국 인력을 발굴하고, 지속적으로 육성하는 일을 통해서 현장혁신과 개선여행을 정착시키고, 조직의 성과를 만들어 내야 한다. 사업장 최고 리더(공장장)는 이런 경험을 갖춘 인력을 선발해야 한다. 적정 인력이 없더라도 현장혁신 활동을 통해 유능한 인력을 육성할 수 있도록 관심을 가지고 조직을 운영해야 한다.

물론 전문가(현장개선 컨설턴트)를 고용하여 몇 년간 현장개선 과제를 수행하면 된다고 생각할 수도 있다. 그러나 현장혁신과 개선여행을 서번트 리더십으로 주도하는 데는 현장 경험을 갖춘 인력이 사무국을 운영하는 것이 가장 효과적이다. 과거에는 일본에서 배워온 TPM 활동(1세대 현장혁신)을 외부 전문 컨설턴트에 의뢰하여 기계적으로 현장혁신을 수행해 왔다.

수년 동안 큰 변화 없이 개선 테마별 양식과 틀에 박힌 운영 프로세스를 시행했다. 기존 자료를 반복하여 그대로 사용하거나, 현장의 변화 없이 개선 보고서(2세대 현장혁신)로 개선을 완료하는 경우도 많았다.

이를 해결하고자 개선 결과를 성과로 정리하기 위해 동영상(3세대 현장 혁신)을 제작하여 조직 구성원이 콘텐츠의 주인공이 되도록 하고, 실제 현장의 변화된 모습을 제시하였다. 특히, 유튜브 등 실용 콘텐츠에 익숙한 밀레니얼세대(90년대 생)의 성과 표현 수단으로 사용했다. 이처럼 참신한 변화와 확산을 극대화하도록 유도한 결과, 개선의 범위가 확대되고 수준도 높아졌다.

동시에 사무국에서는 매월 진행과정에 대한 사례(뉴스 레터) 공유, 우수 여행단 추천, 개선여행 활동 우수 사원 선발 등을 통해 건전한 경쟁과 실행의 조직 문화가 자리 잡도록 해야 한다. 활동의 결과물(현장의 변화 + 동영상 콘텐츠 등)은 각 사업장에서 해결하지 못한 문제와 이슈를 해결하는 데 현장 혁신의 시발점으로 활용할 수 있다. 때문에 본부 사무국은 상호 방문을 통한 업무 교류, 벤치마킹 등을 활성화하는 역할도 수행해야 한다.

## 3. 자발적 운영의 미학

개선여행의 핵심 동력은 당연히 **자발성**이다. 누가 시켜서 마지 못해서 한다면 기존의 분임조 활동과 다를 바 없다. 그 결말은 우리가 누누이 봐 왔듯이 다시 원래 상태로 되돌아 가는 것이다.

운동경기를 하든 어떤 목표를 가지고 일을 하든 먼저 자신 안에 잠재된 불안감을 먼저 떨쳐내야 한다. '행여 실수를 하면 어쩌지', '보는 눈이 한 둘이 아닌데 실패하면 끝장이야' 이런 생각들이 만연하면 생각대로 결과가 나타난다.

그래서 개선여행도 믿음을 가지고 추진해야 한다. 단순한 믿음 정도로는 안되고 하면 반드시 목표를 이룰 수 있다는 신념이어야 한다. 이 신념의 단계까지 가려면 구성원들의 자발적 행동이 무엇보다 중요하다. 내가 부산공장장으로 있을 때 주변에서 모두 안 된다고 했던 미초 음료로 대박을 터트린 이야기를 잠시 하려고 한다.

당시 부산공장에서 새로 출시한 미초가 경쟁사 홍초에 비해 알려지지 않았다. 식초음료 붐이 일고 있던 때라 어떻게 해서든 홍보를 많이 하고 싶었다. 그래서 마케팅 과정에 구성원을 끌어들였다. 부산에서 보통 술을 마실 때 다른 첨가물을 넣는 문화가 거의 없던 시절이었다.

나는 내부결속을 위해 소위 '혈맹주'를 만들어 회식자리에서 선을 보였다. 소주에 미초를 섞으면 그 빛깔이 불그스레해서 붙인 이름이다. 삼국지에 나오는 유비, 관우, 장비가 도원결의를 하는 마음으로 건배하고 혈맹주를 마셨더니 반응이 아주 좋았다.

그래서 우리가 자주 다니는 식당에 소개를 시켜주고, 대학교 축제 때 협찬으로 미초를 제공했다. 대학 학생회 집행위원, 부산 시원소주 사장과 만나서 "같이 콜라보를 합시다"하고 제안했다. 결국 대학 축제에서 혈맹주가 선풍적인 인기를 끌었다. 소주 회사도 미초 한 병에 술 스무 병이 팔리니 누이 좋고 매부 좋은 격이었다.

이후 동아대와 산학협력을 맺어서 식품공학과 학생들이 부산공장에서 실습을 하고, 졸업 후 입사를 하도록 지원도 해주었다. 단순히 홍보 파트너로만 상대하지 않고, 학생들이 사회에 진출하도록 코칭을 해줌으로써 상당한 결실을 맺은 것이다. 또 식당가에서도 혈맹주가 알려져서 다대포 해수욕장 인근 가게에서 자발적으로 미초를 선전하는 현수막을 걸기도 했다.

부산시 주관 가족 달리기 대회에 미초 음료를 나눠주고, 바닷가 쓰레기 줍기 봉사를 하는 등 지역사회와 함께 하는 활동을 통해 미초는 날개 돋힌 듯 팔렸다. 이런 것들을 Cop를 통해 공유를 했더니 회사에서 가치실천상으로 1천만 원을 지급하기도 했다. 처음 부산공장에 갔을 때 70~80억 원 수준이었던 매출이었다. 경쟁사에 밀려 사업을 접으려고 했는데, 일본에서 대박이 났다. 2021년 2천억, 2022년은 3천억 원 매출을 내다보고 있다.

미초 성공 사례에서 봤듯이 결국 소비자들은 기업의 가치관과 진정성에 지갑을 열게 되어있다. 그것을 소위 '미닝아웃(meaning out· 가치관이나 신념을 기준으로 제품을 선택하는 행위)'라고 부른다.

글로벌 커머스마케팅 기업 크리테오의 조사에 따르면, MZ세대(1981~2004년생)의 52%가 자신의 신념과 가치에 맞는 소비를 한다. 요즘 흔히 뉴스에서 접하는 '돈쭐내기'가 이들의 소비 가치관 표현의 한 형태이다.

몇 해 전 CJ제일제당을 상대로 벌어진 '스팸뚜껑 반납하기 운동'도 미닝아웃의 한 사례다. 소비자들은 스팸의 플라스틱 뚜껑이 불필요하다며 뚜껑반납하기운동을 일으켰고, CJ제일제당은 이에 반응해 '뚜껑없는 스팸 선물세트'를 선보였다. 소비자와 기업의 소통이 선한 영향력을 가져온 결과다.

위 두 가지 사례는 모두 어느 한쪽에서 자발적으로 출발한 행위가 기업 매출과 사회문화를 바꾸는 계기가 되었다. 미초 스토리는 공장 경영자의 솔선수범, 뚜껑 없는 스팸은 소비자의 선한 의식이 환경을 보호하는 결과를 낳았다. 이 둘의 공통점 역시 자발성이다.

사실 기존 공장마다 분임조활동이 있어서 개선사항 접수조직이 있었다. 그러나 일본에서 도입된TPM에 맞춰져 있다 보니 모든 것이 형식적이었다. 현장구성원이 스스로 찾고 개선하는 것이 중요한데, 짜진 틀대로 움직이는 것이 매우 안타까웠다.
나는 지금까지 개선여행이라는 현장 혁신툴을 만든 것이 내 인생에서 가장 보람이 있는 일 중 하나로 여긴다. 현장의 문제점은 현장 사람이 제일 잘 아니까 가능한 일이었다.

> Tip) 공유(신뢰) → 소통(공감) → 지원(리더의 참여) → 성과(목표달성, 조직문화)
>
> 혁신(革新, Innovation)은 '가죽 혁(革)자'와 '새 신(新)'이 결합한 말로 '맨 살이 벗겨질 정도의 고통을 거쳐 새살이 돋아나는 것'을 이른다. 혁신은 누구에게나 힘든 일이기 때문에 쉽게 시도할 수 없다. 하지만 현장혁신 개선여행은 혁신에 대한 완전히 새로운 패러다임으로서 마치 여행과 같이 즐거운 일이기 때문에 자연스럽게 조직문화가 새로워지는 혁신을 지향하게 된다.
>
> 즐거운 현장혁신 활동으로 열정이 회복되어 조직 구성원의 표정이 밝아지고, 조직이 진화되기 때문에 변화의 부작용 없이 새살

> 이 돋는 진정한 현장 혁신을 이루어낼 수 있다. 안전제일 문화, 현장혁신 문화를 통한 지속 가능한 전을 위해 새로운(New) 패러다임의 현장혁신인 개선여행이 혁신 기반의 질적 성장을 달성할 수 있기를 기대한다.

## 4. 글로벌 안전경영을 위해 [중국에서 배우는 타산지석]

청나라 시대는 중국 역사상 문화적으로 가장 화려한 꽃을 피운 시기다. 청나라 건륭제(고종) 칠순 잔치 사신의 일행으로 종형인 박명원을 따라 연행에 동행한 박지원은 그곳 문물을 보고 큰 충격을 받았다. 귀국해서 황해도 연암골로 들어가 칩거하면서 쓴 책이 바로 <열하일기>다.

당시에는 중국의 문화와 경제가 여러 면에서 조선보다 훨씬 풍요로웠다. 지금이야 대한민국의 경제와 문화 수준이 중국을 능가할 정도이니 불과 100여 년 만에 상전벽해를 이룬 것이다. 봉건제를 타파하고 급격하게 사회주의 혁명을 일으킨 중국은 체제의 모순을 보완하고자 자본주의 생산방식을 도입했다.

그 과정에서 자본주의 필수산물인 빈익빈 부익부, 안전 불감증 등이 사회에 만연하게 되었다. 천진항 폭발, 백화점 에스컬레이터 붕괴, 연안 원유 유출, 강시육과 가짜분유 유통 등 '안전불감증 도시'로 불릴 정도로 우리는 상상할 수도 없는 일들이 연일 일어났다.
마침 그룹 식품사업이 중국에서 한류 열풍 등으로 매출이 크게 증가하는 시점이어서 안전경영 5대 체계를 해외지사에 적용해 보기로 했다. 리스크 TOP10 선정, 전문인력 보강, 식품안전매뉴얼 7종 제정, SDR 확대, 안전제일문화 정착 등 5가지 중점과제를 선정하고 시행에 들어갔다.

2014년 6월에 그룹 안전경영팀을 신설하고 5대 안전경영 체계를 구축한 후 그 체계와 기능을 해외 지사에 접목하기 위해 중국에 직원을 파견한 것이다. 본사 안전경영팀은 '환경안전', '식품안전', '정보보안' 총 3개 업무로 구성되어 있었으나 중국 지사에는 인력과 체계 모두 부재한 상황이었다.

당시 중국에서 그룹 안전경영 체계에 대한 진단을 시행하였음에도 불구하고, 안전사고가 지속적으로 발생하고 있는 상황이었다. 2016년 중국에서는 천진항 폭발과 같은 대형사고가 끊임없이 발생하고 있었다.

주요 사례로는 2014년 8월 쿤산에 위치한 금속회사에서 발생한 폭발 사고로 약 300여 명의 사상자가 발생하였다. 2015년 7월에는 한 백화점에서 에스컬레이터를 타고 오르던 여성이 갑자기 바닥이 꺼지면서 추락하는 사고가 있었다. 이 밖에 원유 유출로 인해 식수원이 오염되는 환경사고가 2016년 5월에 상서성 연안시에서 발생한 바 있다.

또한 유통기한이 지난 닭고기를 공급하는 행위나 일명 '강시육'이라 불릴 정도로 오래된 돼지고기를 유통하는 행위가 단속 중 적발되었다. 심지어 저질 원료로 가짜 분유를 만들어 시중에 유통한 사례가 적발되어 공분을 불러온 경우도 있었다. 이 외에도 바이두의 리옌홍 회장, 알리바바 마윈 회장의 신분증 번호, 주소 등 개인정보가 인터넷에 공개되어 큰 사회적 파장을 불러 일으켰다.

조직 내외부적으로 발생하는 각종 안전사고는 인명 피해는 물론 조직에 재무적 손실을 야기하게 된다. 중국 지사에서는 2015년 8월에 발생한 천진항 폭발 사고의 영향으로 CGV 천진 빈해점이 영업을 중단하였다. 북경 수도공항 매장에서는 직원 부주의에 의한 고객 화상 사고 등으로 약 16.4억 원(벌금 및 손해배상 0.4억 원/시설보완투자 및 복구비 16억 원)의 손실이 발생하였다.

이러한 문제를 해결하기 위해 2016년 1월 중국 지사에 안전경영파트를 신설하고, 한국 본사와 긴밀한 협업을 유지하며 안전경영시스템 구축을 위한 5가지 중점 추진과제를 실행하였다.

첫 번째 과제는 조직이 우선적으로 관리하고 집중 개선해야 할 안전경영 '리스크 TOP 10'을 파악하는 것이었다. 중국 21개 사업, 296개 리스크 관리 항목 중에서 '중국 안전경영(식품안전/환경안전/정보보안) 리스크 TOP 10'을 아래 그림과 같이 선정하였다. 특히, 상품/품질 클레임/사회적 이슈(단체급식)와 화재/안전사고, 균주/기술/고객정보 등 중대정보 유출사고에 대해서는 중국본사 안전경영파트를 중심으로 CFT(Cross Functional Team)를 구성하여 대응 방안을 수립한 바 있다.

두 번째 과제는 안전경영 운영을 위한 '전문인력의 보강'이었다. 안전경영 지원체계 확립을 위해 식품안전과 환경안전 담당자를 충원했다. 중국에서 이슈가 되고 있는 '환경 및 소방 안전 담당자'는 경력사원으로 채용하여, 조기 전력화 할 수 있도록 하였다.

세 번째 과제로는 '중국 안전경영 공통 규정을 제정하고 배포'하는 것이었다. 한국 본사 안전경영실의 지원으로 공통 규정에 준하여 현지 상황에 맞는 중국 식품안전매뉴얼 1종 외 총7종을 제정하였다. 해당 매뉴얼에 대해서는 연 1회 개정 작업을 실시하고 있다.

네 번째 과제는 '사전안전성평가(SDR, Safety Design Review)를 확대'하는 것이었다. 5대 안전경영 체계에서 가장 핵심인 사전안전성평가는 안전사고에 대한 사후 처리만을 다루는 형태가 아닌 사고를 미연에 예방하기 위해 도입한 체계다.

이는 건물 설계 시 적용하는 평가로 아래 그림과 같이 설계부터 시공, 준공, 오픈 안정화까지 4가지 단계별로 평가를 진행한다. 각 단계에서 평가 결과가 미흡할 시 전 단계로 돌아가 재평가를 진행하는 구조다. 평가를 통해 조직에서는 반드시 개선이 되어야 하는 부분이 무엇인지 면밀하게 파악할 수 있으며, 평가 결과는 관련 투자를 집행하는 중요한 근거 자료로 활용된다.

글로벌 사업장에 제도를 도입하는 첫 단계에서는 기존 국내의 사전안전성평가 제도를 기반으로 하되, 현지 법규 및 비즈니스 환경에 맞춰 각 사업장에 순차적으로 도입하여 정착시켜야 한다. 중국에 위치한 한 계열사에서는 OEM 신제품 떡볶이와 김스낵 제품에 대해 DR(Design Review) 프로세스를 도입하였다. 정보보안은 '사전 보안성 검토'를 실시하여 그룹 보안기준 미충족 시 서비스 오픈을 불허한 바 있다.

마지막 과제는 '안전 제일문화를 조직에 정착'시키는 것이었다. 중국에서는 안전 제일문화 정착을 위해 안전 교육훈련 강화, 안전 스마트 미팅 및 뉴스레터 중문화, 고객 VOC(Voice of Customer)관리까지 3가지 주요 활동에 노력을 기울였다.

먼저 안전 교육훈련 부문에서는 중국 내 27개 법인 직원들을 대상으로 1차 정보보안 웹 교육을 진행하였다. 안전과 관련한 특정 주제를 선정하여 한국 본사의 식품안전 온라인 동영상 교육을 중국 내 주재원을 대상으로 실시했다. 또한 중국 내 식품안전 담당자의 역량 향상을 위한 교육은 중국 식품안전센터 주관으로 연 6월과 10월, 2차로 나누어 실시하였다.

다음으로 한국 본사의 안전경영실 주관으로 정기적으로 공유되고 있는 국문 자료를 중문화하였다. 이를 중국 내 모든 임직원을 대상으로 공유함으로써 조직의 안전경영 철학과 방침을 이해하는 기회를 만들어 가고자 하였다.

끝으로 식품사업 성장에 따른 고객 VOC 운영을 효율적으로 관리하기 위해 청도 마케팅, 북경공장, DCH를 대상으로 이미 국내에서 운영 중인 '통합 VOC 관리 시스템'을 도입하였다. 이를 통해 당사 제품에 대한 고객의 VOC를 청취하고, 개선할 수 있는 구조를 만들어 가고자 하였다. 또 고객 접점 서비스를 제공하는 사업을 중심으로 SNS 소비자 클레임에 대해 점포별 모니터링을 강화하고, 점포별 소비자 클레임을 분석하고 개선안을 수립함으로써 품질 및 안전사고를 예방하고자 하였다.

그룹의 지속성장을 위해 글로벌 안전경영 시스템 구축은 반드시 선행되어야 할 부분이다. '우리는 지역사회와 임직원의 안전을 경영의 최우선 가치로 하는 Only One 안전제일 문화를 만든다'라는 당사의 안전경영방침을 완성하기 위해서는 '그룹 5대 안전경영 체계의 실행과 정착'이 가장 중요한 요소다.

다만, 하향식이 아닌 상향식 개선여행을 같이 시행하지 못한 아쉬움은 있다. 그 아쉬움을 신동방 바이오 사업부문이 인도네시아와 말레이시아에서 개선여행을 성공적으로 추진하고 있어서 위안이 된다. 어쨌든 중국에서 안전경영 적용을 통해 '타산지석'의 교훈을 삼는 계기가 되었음은 분명하다.

## 5. 여전히 사람이 희망이다

2008년 삼성그룹을 그만둘 때 임원과의 면담에서 나는 "사람을 잃는 것이 가장 아쉽다"고 말했다. 대부분 직장을 잃고 좋은 연봉과 대우가 없어지는 것에 대해 아쉬워한다. 하지만 나는 애써 키워놓은 선수(인재)들이 하루 아침에 갈 곳을 찾지 못하는 것이 못내 속이 쓰렸다.

그 이후 나는 잠시 쉬는 동안 두 가지 다짐을 했다. 하나는 '현장을 사람 중심으로 개선하는 것'이었고, 다른 하나는 '현장 사람을 키우는 것'이었다. 그 결과 신동방에서 개선여행단을 꾸려서 시작하게 되었고, 부산공장에서 개선여행의 지속가능성과 함께 현장 인력을 공장경영자로 성장시키는 결실을 얻었다.

강산이 변할 만큼 세월이 흘렀지만 여전히 그때 현장 사람들과 연락을 하고 지낸다. 나는 그들과 전화를 하거나 메시지를 보낼 때 항상 어려운 일이 있으면 이야기 하라고 한다. 주로 현장의 어려움에 대한 대화를 나누거나 개인적인 고민을 털어놓기도 한다.

그러면 나는 그 순간부터 문제를 해결하기 위해 고민을 한다. 주위에서는 "왜 그렇게 오지랖이 넓으냐"고 핀잔을 주기도 하지만, 나는 어려움에 처한 사람을 돕는 일이 즐겁다. 아마도 천성인가 보다. 내 세례명이 요셉인 것처럼 늘 일을 해야만 직성이 풀리는 성격이다.

얼마 전에는 한창 개선여행을 할 때 같이 땀을 흘렸던 사람들을 만나 이야기를 나눴다. 그 중에는 아직 현직에 있거나 은퇴한 사람도 있다. 또 어엿한 공장경영자가 되어서 제 역할을 톡톡히 하고 있는 임원도 있다. 해외법인에서 개선여행의 전도사가 되어서 열심히 뛰는 직원도 있다. 그들의 이야기를 잠시 옮겨본다.

## 강○○ 님

2011년 레토르트 햇반 통합팀장으로 일했다. 시설이 낙후되어 있었는데 예산이 없어서 번번히 개선을 못하고 있었다. 이때 김근영 님이 오셔서 "현장 혁신활동으로 공장을 바꿔보자"고 하셨다.

한번은 햇반 중층 개선을 하는데 같이 청소를 했다. 정말 그때를 생각하면 아찔하다. 오송공장에서 천정에서 떨어져 사고가 났었는데, 여러 명이 중층에 올라갔으니 말이다. 아무튼 지하 스팀 배관도 같이 페인트 칠을 하면서 이 분의 진정성을 알게 되었다.

1년 마다 열리는 조직문화 진단을 위해 같이 대전 출장을 간 적이 있다. 하지만 기대치보다 점수가 낮게 나와서 의기소침해 있었다. 현장혁신과 조직진단 점수와의 괴리를 좁히는 일이 숙제였다. 하지만 김근영 님은 아랑곳 하지 않고 솔선수범으로 이를 극복해냈다. 이후 자발적인 개선여행을 통해서 부산공장이 도약하는 계기를 맞게 되었다.

종종 '부산공장의 경쟁력은 무엇인가' 묻는 사람들이 있다. 나는 그때마다 "다른 사업장이 하지 못했던 것을 많이 했다. 그것은 바로 실패를 경험한 덕분이었다"라고 말한다. 육가공, 게토레이, 레또르트 사업 등 실패 속에서 적지 않은 사원들이 다른 곳으로 떠나는 아픔을 겪었다. 그러면서 어떻게든 살아남으려고 하는 '생존 DNA'가 강력하게 발동되었다.

그것이 다 김근영 님의 솔선수범 덕분이다. 모든 것이 자발적 추종에 의해서 이뤄냈다. 나는 속으로 '야, 저런 분도 계시는구나' 정말 감동했다. 그 전에는 실적만 중시하는 구조였기에 더욱 그랬다. 일례로 사고가 나도 숨김이 없이 100% 오픈 했다.

공장 경영 1순위는 리스크 관리라는 것을 입에 달고 사셨다. 그것이 직원들의 가슴과 머리에 완전히 각인되었다. 그러니 성과는 자연적으로 따라왔다.

리더에게 가장 중요한 것은 책임지는 자세다. 그는 같이 책임을 져줄 줄 알고, 단기성과에 매몰되지 않는 사람이다. 큰 그림을 그린 다음 목표를 이루기 위해 다년간 실천하는 사람이다. 그런 이유로 그룹에서 제조의 위상이 많이 올라갔다. 특히 멀리 내다보고 자기 계발을 하도록 도와주셨다. 꿈을 잃지 않도록 희망의 메시지를 주었다. 현장 교대조는 잘해야 생산과장이고, 정년퇴직만 해도 고맙게 여겼다.

그런데 김근영 님은 각 공장의 포지션을 임원의 위상으로 바꿔놨다. 2011년 햇반팀장 하다가 2014년 공장장 후계자(석세스 프로그램)가 되었다. 2015년도 논산 공장장으로 가도록 동기부여를 충분히 주었고, 나에게는 큰 희망이 되었다. 그룹에서 공장장이 임원이 된 게 내가 최초였다. 김근영 님이 아니면 이루지 못할 일이었다.

나 역시 RM 기반 QCD 경쟁력이 있어야 100년 기업이 될 수 있다고 생각한다. 흔히 기업의 생존조건이 3가지(재무적 성과, 고유문화, 지구력)라고 하는데, 안전경영이야 말로 가장 강력한 생명력을 확보해 준다.

## 김○○ 님

2011년 10월 김근영 님이 공장장으로 부임해서 2013년 2월 떠나기까지 참 많은 일을 하셨다. 2012년 5월에 현장을 돌아보신 후 CoP를 통한 현장혁신을 강조했다. 소통을 통한 전 직원이 개선여행에 참여하도록 애를 썼다. 햇반동 지하환경개선, 지하공동구 배관 오염물 방치 개선 등이 그때 이뤄졌다.

이에 에코분임조(공무팀, 유틸리티실) 전원이 뭉쳐서 그야말로 환골탈태를 시켰다. 첫번째 개선여행 사례인데, 공장의 명소로 만들었다. 시작은 어설펐지만 소통이 일어나기 시작했고, 각 팀장들이 응답했다. 사진 상으로 다

담아내지 못한 땀이 배어있다.

그 해 8월에 '가을풍경'이라는 이름으로 옥상에 대한 개선여행을 시작했다. 1개 분임조로 하기에 버거웠으나 굉장히 많을 일을 해냈다. 불필요한 설비를 떼어내고 놀랍게 변모시켰다. 현장혁신의 툴로 지정했으면 좋겠다는 생각을 했다.

이후 김근영님이 그룹 안전경영실장으로 가신 후 지원체계의 동력을 잃고 얼마 동안은 멈칫하였지만, 에코분임조에서 자발적으로 개선여행 활동을 지속해주었고, 2014년부터는 나이스분임조(공무팀전기실)에서도 개선여행을 시작했다. 당시 이OO 공장장님도 "신바람 나게 3정5S 해달라"고 당부해주셨다

2015년부터는 젊은 세대가 입사를 많이 하면서 그들과 함께 새로운 개선여행을 시작했다. 조직이 훨씬 젊어진 것이다. 여기저기서 성과가 나니까 나중에는 "우리는 와 안합니까"라며 개선여행을 하는 분임조가 저절로 늘어나게 되었다. 이때부터는 단일설비 개선수준이 아닌 공정이나 라인 전체 개선활동 등 기존에 하지 못했던 일들을 해냈다.

개선여행 중에 포스코를 벤치마킹 했었는데 그야말로 온 공정이 명소 구역이었다. 포스코는 1,000개 이상의 전기실 모두 3정5S 명소를 만들었다고 한다. 그 당시 당사에는 10개 정도의 전기실이 있었는데, 우리는 일당백으로 명소가 아닌 '명품전기실'을 만들어보자고 다짐하게 되었고 개선여행으로 만들 수 있게 되었다. 개선여행이 끝난 후 한국전기안전공사에서 점검 차 방문한 적이 있었는데, "대한민국에 전기실을 대부분 둘러보았지만 이렇게 공원처럼 가꾼 전기실은 처음 보았다"면서 잘

관리해줘서 고맙다고 감탄을 했다.

그 전에는 보상이 없었는데 개선여행을 더욱 발전시키고 싶어서 시상금 30만 원을 걸었다. 명소인증패도 붙이면서 이제는 하나의 문화로 자리잡았다. 전사적으로 개선여행 홍보를 하면서 논산, 남원, 진천사업장 등에서 개선여행의 이념과 철학을 전파했다. 2018년에는그룹 전체에 개선여행이 뿌리를 내리게 되었다.

김근영님 공장장 시절 존경 안 하는 직원이 없었다. 현장에서 일하는 사람들이 자신의 치부를 드러내게 하는 것은 쉬운 일이 아니다. 그럴 때마다 김근영님은 항상 상대방의 눈높이, 가슴 높이에서 소통을 하셨다. 이것은 믿음과 신뢰가 없으면 불가능하다. 때론 아버지처럼 때론 큰형님처럼 격려해주시고 이끌어주시는 말씀에 자연스럽게 직원들이 존경하며 따르게 되었다.

개선여행 4단계 프로세스는 부모 자식간에도 자연스럽게 적용된다. 작은 성공을 통해 자신감을 얻고, 서로 신뢰가 쌓여지면서 그 분이 남기고 간 것을 뒤늦게 깨닫게 되었다. 그것은 두 말할 것도 없이 현장 사람들을 사랑하는 '진정성'이라고 얘기하고 싶다.

# 맺음말

**지속가능한 '안전경영주의자'가 되자**

서두에서 나는 공장이 진정한 제조경쟁력을 갖추려면 원가보다 품질과 안전을 먼저 생각해야 한다고 말했다. 지금까지 공장에서 발생하는 대부분의 사고는 안전보다 원가를 중시하는 상황에서 비롯된 것이었다. 그래서 안전과 품질은 비용이 아니라 미래를 위한 투자임을 강조했다.

안전 불감증이 만연한 공장에서는 사람의 생명보다 이윤과 납기가 우선이 되고 만다. 안전사고가 발생하면 당사자의 잘못으로 몰아붙이고, 산재처리마저 제대로 되지 못했다. 세상에 일을 하다가 잘린 손가락을 보고 자신의 실수를 탓하면서 죄인 취급을 받는단 말인가.

나의 아버지가 그렇게 돌아가셨고, 이후에도 세상은 크게 달라지지 않았다. 여전히 공장은 이윤을 남기기 위해 쉼 없이 돌아가고, 작업자의 몸을 먹이로 점점 덩치를 불려가고 있다. 지금 이순간에도 산업현장에서 이해할 수 없는 사고소식이 들려온다. 21세기에 안전에서만큼은 구석기 시대를 살고 있는 것이다.

40여 년의 직장생활을 돌이켜 보니 내 안에 어떤 신념이 가득했었음을 깨달았다. 두 가지 키워드가 언뜻 떠오르는데, 그것은 바로 '안전'과 '진정성'이다. 현장에서 고생하는 교대조를 걱정하는 마음이 "안전한 작업 환경을 만들자"는 결심을 하게 됐고, 이는 진정성이 없으면 이룰 수 없음을 알게 되었다.

삼성그룹에 있을 때가 안전경영에 대한 신념을 다진 시기라면, CJ에 와서는 그것을 꽃피우기 위해 부단히 노력했다. 신동방에서 개선여행을 시작하고, 부산공장에서 씨앗을 뿌렸다. 불과 1년 4개월동안 근무하면서 정말 삼매경에 빠진 듯 공장혁신과 목표달성에 매진했다.

같이 삽과 빗자루를 들고 청소를 하고, 저녁이면 바닷바람을 맞으면서 소주잔을 기울였다. 현장직원들에게 안전한 작업환경을 만들어 주면서도 그들이 당당한 관리자로 성장하도록 돕고자 했다. 그래야 개선여행이 지속가능성을 가지고 공장에 뿌리를 내릴 것이라고 봤다.

그 예측은 다행히 성공을 했고, 내가 떠난 후에도 개선여행은 자발적으로 추진되고 있다. 한 때는 리더십을 얘기할 때 "나를 따르라" 라는 불도저식에 사람들이 추앙을 하곤 한다. 그러나 진정한 리더십은 타인의 마음 속에 들어가 그들과 소통하고, 그들이 원하는 것을 찾아서 해주는 것이다.

소통이 이뤄지면 업무 추진력과 목표 달성은 자연스레 따라온다는 것을 부산공장에서 체험했다. 개선여행 4단계 프로세스도 이때 만들어졌고, 남들이 불가능하다는 매출 목표도 거뜬히 달성했다. 무엇보다 부산공장 식구들에게 자신감과 희망을 심어준 것을 자랑스럽게 여기고 있다.
"작은 산이 큰 산을 가린다."

다산 정약용이 일곱 살 때 지었다는 시 속에는 '삶의 원근법'이 고스란히 담겨 있다. 큰 산이 작은 산을 가리는 것이 세상의 이치다. 임금이라는 큰

산 속에 백성이라는 작은 산은 가려져 보이지 않는다. 하지만 백성이라는 작은 산에 가까이 다가가는 순간 임금보다 더 큰 존재의 산을 만나는 것이다.

기업에서도 마찬가지다. 이윤이라는 큰 산에 가려진 안전이라는 작은 산을 들여다 보는 마음이 필요하다. 현장의 안전을 좀 더 가까이에서 점검하고, 직원들과 소통을 하는 순간 전혀 예상치 못한 놀라운 일들이 경험하게 된다. 목표달성은 물론 소통, 연대감, 자신감이 충만한 현장 직원들을 만나게 될 것이다.

이런 과정들이 모여서 결국 지속가능성이라는 큰 강을 이루게 된다. 한 번 물꼬가 터진 강물은 가뭄에도 안전이라는 배를 싣고 바다로 향한다. 결국 내가 이 책에서 하고 싶은 얘기는 한 마디로 "지속가능한 안전경영주의자(Risk Managementist)가 되자"는 것이다.

정말 나와 회사와 국가를 위해 '안전경영'에 대한 진지한 고민을 해야 한다. 부족하지만 이 책이 단순히 안전경영을 위한 지침서가 아니라 성공적인 공장과 기업경영, 나아가 사회안전망 구축을 통한 안전한 국가를 만드는 데 초석이 됐으면 하는 바람이다.

마음이 따뜻한 사람들이<br>
진정성을 가지고 손을 잡으면<br>
세상에는 이루지 못할 일이 없다.

 부록

'공장장 1년의 기록'

『 반갑습니다 』 ... 2011.12.8

반갑습니다. 오늘 부산공장의 CoP(Community of practice)에 처음 들어왔습니다. 소통의 장이 3월 이후에는 문을 닫았군요. 많은 분들이 CoP를 이용하신다면 저라도 가끔 글을 올리도록 하겠습니다. 부산에 부임한 지 어느새 1달 반이 되었습니다. 부서별로 식사도 이번 주 금요일 지원팀과의 시간을 남겨두고 있습니다. 새로 부임하여 조금은 어색할 기간인데 여러분들이 따뜻하게 맞이해주어 짧은 기간에 많이 친해진 것 같습니다. 감사 드리고요, 앞으로 저와 함께 즐겁고 성장하는 부산공장을 만들어 갑시다.

『 한해 마무리 잘 하시고, 새해 좋은 꿈 설계하십시오 』 .. 2011.12.26

2011년도 이제 다 지나가고 있습니다. 또 한 살 더 먹 는게 너무도 부담 되는 사람들도 있지요? 저도 이제는 나이를 하나씩 더해 간다는 사실이 부담스럽게 느껴진답니다. 올해는 개인적으로 큰 변화가 생긴 한 해였습니다. 일단 부산공장장으로 발령이 난 것이 가장 큰일이 되었습니다.

어느새 부산에 온지도 두 달이 지났습니다. 좋은 사람들과 인사하고 사귀어 나가는 중인데, 지금까지 저는 부산이 맘에 듭니다. 내년 이맘때도 맘에 들기를 간절히 희망하고 노력할 생각입니다. 여러분한테 새로운 희망과 비전을 제시하고 가야 할 목표를 정했습니다. 여러분 모두와 함께 그 지점에 도착하고 싶습니다. 그러기 위해 최선을 다하고 그 성과의 기쁨을 골고루 나누어야 한다고 생각합니다.

그간 따뜻하게 저를 대해주신 여러분 모두에게 감사의 말씀을 드립니다. 내년에는 더 배려하는 여유로 우리 아주 친하게 지냈으면 좋겠습니다. 그리고 여러분 각자는 그 어느 때보다 즐겁고 보람 있는 회사생활이 되기를 희망합니다. 제가 진심으로 그리 만들어 드리려고 합니다. 이제 남은 며칠 여러분이 열심히 살아온 한 해를 찬찬히 되돌아 보세요. 그래서 후회되고 아쉬운 것이 보이거든 잘 건져내어 내년도 변화관리에 넣어서 개선하세요.

여러분, 새로운 변화와 새로운 보람을 우리 함께 만들어 봅시다. 내년에는 개인적으로 한가지 도전을 공개적으로 꼭 하시고 이루도록 하세요. 저는 내년에 75kg에 도전합니다^^. 새해 여러분 가정에 행복이 충만하기를 기원하면서 이만 줄입니다.

**『 좋은 꿈 꾸셨나요? 2012년 새해 인사 드립니다 』**  ... 2012.1.16

드디어 새해가 시작되었습니다. 어떤 이들은 산과 바다로 나가서 떠오르는 새해 태양의 모습을 찍어서 보내주었습니다. 참으로 부지런하게 사는 사람들입니다. 그 찬란한 첫 태양의 기운을 함께 나눈 고마운 사람들이기도 하구요. 저는 집안에서 뒹굴며 그 기운을 받기만 했습니다. 그래서 새해가 왔는데도 별로 다르게 느끼는 게 없습니다. 새해란 우리처럼 4계절이 있는 나라에서는 시간의 반복적인 순환의 변곡점이기도 하지만, 주변의 풍경과 계절의 모습이 더해져 그 의미를 더 살려주는 것 같습니다.

일탈의 기회가 아닌 일생의 전환을 바꾸는 기회를 가지십시오. 아주 작은 변화를 시도하는 그것만으로도 우리는 새로운 삶을 영위할 기회를 얻게 되는 것 같습니다. 물론 그 작은 변화를 성공시키고, 그것을 바탕으로 새로운 변화에 도전하는 우리들의 희망찬 모습을 전제합니다.

여러분, 우리 한가지씩 꼭 도전 해봅시다. 그게 무엇이든 상관없습니다. 자격증도 좋고, 체중감량도 좋고, 취미생활도 좋고요. 바쁘다는 핑계로 못하고 그 동안 지내왔던 것들 중 내가 하고 싶거나 꼭 해야 할 것 중에 하나만 공개적으로 도전해봅시다. 그 어떤 것이라도 좋습니다.

'도전 한가지'라는 코너를 만들어 여러분과 함께 도전과 변화의 즐거움과 경험을 공유하고자 합니다. 강제하지는 않겠지만, 함께 동참해 주기를 진심으로 희망합니다. 새해 여러분들 모두 가정이 화목하고 건강하고 행복하기 위해 최선을 다하기를 바랍니다. 가정은 우리 삶의 원천 입니다

마지막으로 우리는 우리가 속해있는 지역사회의 구성원으로 그 역할과 책임을 다해야 합니다. 그것이 우리 CJ의 철학이기 때문 입니다. 밝고 긍정적이며, 도전을 두려워하지 않는 부산 사업장 여러분들의 건승과 행복을 기원합니다.

『 새해 첫 달도 어느새 반이 지나고 있습니다 』　　　… 2012.1.18
연초 마음속으로 계획한대로 새해가 잘 시작되고 있나요? 혹시 작심삼일에 또 새로운 결심이 필요하신가요? 아님 아직 실행을 못하셨나요? 걱정하지 마세요, 구정이 있잖아요.^^

새로운 결심과 변화는 마음 만으로만 해서는 달라질 것이 없습니다. 달라진 것이 없으니 새로운 것도 없습니다. 저는 요즘 아침에 일찍 출근해서 1시간 정도 운동을 하기 시작했습니다. 오늘로 한 열흘 되었군요. '도전합시다' 코너에 다이어트 목표를 정하고 일단 운동을 시작했습니다.

추운 날 새벽을 가르며 나오기가 참으로 귀찮고 번거롭지만 일단 실행을 하고 있습니다. 이것이 그 동안의 행동과는 다른 패턴의 하루를 가져오고, 마음과 기분도 전혀 예상치 못한 즐거움이 생기기 시작합니다. 물론 아침에 만나는 새로운 얼굴들도 정겨워지는 새로움을 느낍니다.

참으로 단순한 한가지를 시작한다는 것만으로도 내 주변의 생활과 마주치는 사람들이 다양해지는 걸 느끼겠습니다. 아주 작은 실천 하나가 가져오는 결과는 실로 엄청난 변화를 예고한다는 걸 혹시 느끼시나요?

『 다시 하는 결심 』                                      ... 2012.1.20

오늘은 구정 명절을 앞두고 귀성길 떠날 준비들로 마음이 분주할 것 같습니다. 오늘까지 업무정리하고 내일부터 휴무에 들어가는데 긴급 오더와 결품 이슈 때문에 내일까지 업무를 하시는 분들도 있네요. 가까이에서 명절을 보내시는 분들은 모처럼 만나는 가족,친지들과 즐거운 시간을 보내시고요. 멀리 귀성길을 떠나는 분들은 편안하고 안전한 여행이 되시기를 빕니다.

요즘 CoP를 통해 여러분과 소통하는 길을 찾아 보려고 여러 가지 시도를 하고 있는 건 아시죠? 특히 미초 코너는 개설 이후 빠르게 동참하시는 분들이 보여 다행 입니다. 이번 명절에 집안식구나 친구들과 미초인증샷 찍어서 참여하시길 권유합니다. 명절 마치고 등록된 인증샷을 대상으로 우수팀 선발해서 크게 쏘겠습니다.(알았지요? 정OO님, 양OO님)

아주 작은 길이지만, 이렇게라도 여러분과 함께 걷다 보면 넓고 잘 다듬어진 고속도로가 될 겁니다. 부산공장 구성원 모두가 하나로 연결되는 소통의 나무가 자라서 성과와 보람이라는 열매를 우리에게 가져다 줄 거라

확신합니다. 영화 아바타에 나오는 신성한 나무 아시죠? 뿌리가 서로 연결되어 교감이 이루어지는 것을 상상해 봅니다.

『 이제 슬슬 변화의 물결을 만들어 볼까요? 』　　　　　... 2012.1.28

오늘은 구정부터 시작된 한파가 잠시 멈칫하고 있는 조용한 주말입니다. 새해가 엊그제 바뀐 것 같은데 벌써 1월도 3일 남았습니다. 연초 목표를 세우고 미처 제대로 실행도 하기 전에 한 달이 지나간 느낌이지요? 저는 부임해서 3달이 되었고, 앞으로 여러분과 함께 만들어 갈 부산공장의 모습을 상상하고 있습니다.(저랑 같이 상상해 보실까요?)

공장의 도로에는 야적된 제품이나 자재들로 복잡하고 답답한 풍경은 사라지고, 이젠 비가 와도 마냥 한적하고 여유롭기 만한 모습으로 화면이 바뀝니다. 화물차량이 늘어서 있고, 그 틈으로 지게차가 쉬지 않고 오고 가는 모습은 사라졌네요(FADE OUT?) 어쩌다 한번 지나는 차량 또는 지게차로 마냥 한가롭기만 합니다.

식당 가는 길에 양 옆으로 쌓여있던 자재도, 도로에 빼곡히 주차되어 있던 자동차들도 사라져 버리고, 그저 한가로이 정리된 공간으로 단정하고 여유로움이 있을 뿐 입니다. 주차장 공간은 우리 사원들과 외부 손님의 공간이 확연히 구분되었습니다. 오시는 손님을 안내하는 정문에는 불편함을 느끼지 못하고, 친절하고 손님을 배려하는 보안실은 고마움과 동시에 절도 있는 엄정함에 긴장감이 느껴집니다.

하루 종일 모여드는 폐기물로 처리장 주변은 항상 아수라장이고, 산더미처럼 쌓이는 폐박스와 팔레트, 그리고 각종 폐기물들로 지나가기 조차 불편했던 광경은 사진 속에 남아있는 풍경이 되었습니다. 언제 그랬냐 싶을 만큼 한가로이 정돈된 작업장만 있을 뿐입니다.

부산센터 지하에 가득 쌓여있던 호적 없는 설비, 민증 말소된 자산들은 깨끗이 치워지고, 잘 정돈된 공간에는 새 식구들이 입주해서 가치를 만들어 갑니다. 공장 전체를 토대로 3정 5S가 진행 될 겁니다. 잘 아시죠? 3정(정품, 정위치, 정량). 공장 전체의 배치나 건물 제품 보관부터 3정하면서 차차 공정, 사무공간, 창고 등으로 들어갈 예정 입니다. 위에서 이야기한 현재의 모습은 빨간 딱지가 붙어야 하는 3정 위반 사례 입니다. 그래서 바뀌어야 합니다.

복지관이 따로 없어서인지 중식이나 휴식시간을 마땅히 보낼 공간이 너무 없습니다. 기숙사 지하가 확 바뀌어 비록 좁지만 그 역할을 대신 해 주었으면 합니다. 아침에 출근하면 여러분들은 제일 먼저 메일을 보고, 아니 제일 먼저 CoP로 달려 올지도 모릅니다. 그 안에는 중요한 업무의 정보, 지식, 그리고 재미있는 소통이 흐르기 때문 입니다.

모든 중요한 지표, 정보는 CoP 내 VP 보드에서 제공할 것이고, 공장장의 전략과 방향, 그리고 코칭까지도 그 속에서 이루어 질 겁니다. 공장의 중요한 스케줄, 이벤트, 식사 메뉴, 공지사항부터 여러분이 찾거나 제공하려는 정보가 그 속에서 흐르고 소통될 겁니다. 앞으로 모든 것이 다시 정의되고 바뀔 겁니다. 그건 제가 아닌 여러분 스스로가 충분히 토론하고 선택하여 의사결정을 하게 될 겁니다. 이제 여러분들은 자신의 생각과 의견을 자유롭고 다양하게 표현하고, 그 다양한 생각들을 유연하게 수용해서 새롭고 가치 있는 행동으로 만들어 가게 될 겁니다.

여러분, 이제 우리는 공장의 문화를 우리의 비전을 향해 새로이 만들어 가야 합니다. 일류문화와 강유문화, 이것을 이제부터 부산공장에 만들어 가고자 합니다. 비록 지금 이 순간 우리가 접하는 CoP는 작고 초라하지만, 어느새 여러분의 숨결과 눈길과 손길이 느껴집니다. 저는 그 창을 통해 여러분과 소통하려 애쓰고 있는 겁니다. 이 작은 소통의 몸부림이 조금씩 커져서 우리의 생각을 모으고, 그 생각이 우리의 행동을 바꾸고, 그 행동이 모여 우리의 비전을 완성해 줄 겁니다.

여러분, CJ가 추구하는 비전을 추구하기 위해 우리가 철저히 체질화해야 할 3대 가치(정직, 열정, 창의)를 기억합시다. 이것을 바탕으로 우리는 열린 소통을 통해 강유문화를 만들어 나가고, 그것이 ONLY ONE 정신과 융합하여 일류문화를 만들어 가야 합니다. 저를 믿고 함께 가시는 거죠?

『 이제 슬슬 변화의 물결을 만들어 볼까요? 』 ... 2012.2.7

새해 1달을 보내고 2월이 시작되었습니다. 1월은 많이 추웠던 기억 입니다. 요즘 도로에는 야적되어 있던 다시다 제품이 사라져 가고 있습니다. 서서히 우리 공장의 모습이 자리를 잡아가기 시작하는 것 같아 흐뭇합니다. 오늘 로비 앞 주차장 한가운데 있던 야적품이 드디어 사라졌습니다. 이제는 절대로 이곳에 야적하지 마세요.

1월에 우리가 노력한 모습 중 결과가 좋았던 일과 그러하지 못한 것도 있었습니다. 제 기억 속에는 1팀에서 부단히 애썼던 미초 사랑이 생각납니다. 호응도 좋았고 수상작들 수준도 상당했습니다. 계속 사랑해주세요. 뜰안채 메뉴에 커뮤니케이션이 더해져 맛있는 음식을 차리신 뜰안

채 식구들한테 감사의 글이 많아졌습니다. 이런 뜻을 받아 OO님은 메뉴에 더 신경 써주시고ㅎㅎ… 특히 파닭이 인기 최고던데… 아침 아메리칸 스타일의 Breakfast도 2월에는 완성 해야죠? OO님, 기대 합니다.

공무에서 시행한 전력 피크제가 전 부서에서 호응하여 무사히 목표를 달성했습니다. 2월 한 달은 더 타이트한 목표가 주어져서 고생들이 많은데 모두가 힘을 합쳐서 반드시 해낼 거라 믿습니다. 강OO님, 박OO님, 그리고 유틸리티 근무자 모두 수고 많았습니다. 그리고 가장 많이 기여해주신 생산1팀 모두에게 감사의 말씀 드립니다.

CoP코너 중에서 '도전합시다'가 무사히 1차 멤버 34명을 확정했습니다. 2월부터 멤버들의 도전 과정을 CoP를 통해 공유하고 지원해 나가도록 하게 될 겁니다. 여러분들 많은 관심 가져 주세요. 멤버들도 이제 본격적인 실행을 부탁해요. VP보드에 일일 정보를 추가하고 있습니다. 월간 트래킹 위주로 구성되어 VP 보드가 활성화 되지 않았지만, 일일 정보가 흐르면서 매일 관련된 커뮤니케이션이 일어나기 시작할 겁니다. CoP VP 보드 많이들 애용해 주세요.

드디어 '강한 현장 만들기' 라는 타이틀로 분임조를 중심으로 현장혁신사이트가 개설 되었습니다. 직장들이 중심이 되어 만들어갈 이 사이트는 우리 공장 5대 운영체계 중 '전원참여체계'를 완성하는 모습이 될 것 입니다. 1차 직장들 모임을 통해 뜻을 모았습니다. 2월에 가장 활발한 사이트로 만들어 주세요. 여러분 1월은 이렇게 시작을 하였고, 2월에는 더더욱 불이 붙어 우리의 일하는 방법을 바꾸고 새로운 우리들의 조직문화를 만듭시다. 열려있고, 다양하면서, 한 방향으로, 강력하게 팀웍을 발휘하는 '강유문화'로 만들어 나가고자 합니다.

2월에는 제가 소개하는 우수한 성과와 가장 성공적으로 변화된 사례가 줄줄이 사탕으로 생겨났으면 좋겠습니다. 일을 풀어 가는데 반드시 기술적인 것만이 영향을 주지는 않습니다. 정보를 공유하고 현상을 파악하고 사실을 정리하면서 제일 중요한 것은 "문제의 본질을 우리가 파악했느냐?"입니다. 그 본질의 모습을 숨김없이 찾아내고 그릴 수 있는 조직문화, 저는 그것이 곧 커뮤니케이션의 경쟁력이라고 생각합니다. 이제부터 우리는 발생된 문제는 아주 솔직하고 있는 그대로 오픈하는 문화를 만들어 가야 합니다. 문제가 떠올라야 개선할 기회를 가질 수 있기 때문 입니다.

CJ WAY에서 3대 가치체계 중 가장 으뜸은 '정직' 입니다. 그리고 열정입니다. 창의는 일에 대한 강한 열정이 있으면 따라 옵니다. 일에 대한 열정으로 깊이 있게 고민하다 보면 불현듯 새로운 기발한 아이디어가 생각나는 데 그것이 바로 '창의' 입니다. 여러분, 2월에도 파이팅 합시다.

『 봄이 성큼 온 것 같습니다 』　　　　　　　　　　　　... 2012.2.15

오늘은 봄날처럼 따스합니다. 내일부터 한차례 추워진다고 합니다. 이젠 겨울도 막판 몸부림을 치고 서서히 물러날 모양 입니다. 이제 2월도 반이 지났습니다. 오늘 아침에는 CoP에 대한 이야기를 많이 나누었습니다. 부산공장 CoP는 리뉴얼 하기 시작한 지가 두 달이 다 되어 갑니다. 오늘 보니 이제는 제법 CoP 내에서 많은 정보와 이야기가 흐르기 시작한다는 느낌이 듭니다. 오늘 부로 우리 막강 지원팀에서 CoP 활성화에 적극 가담한다고 하니 더욱 빠른 속도로 진행이 될 거라 기대됩니다.

먼저 VP 보드의 활성화가 가장 눈에 띕니다. 각 팀별 일일 실적이 공유되고 있고 오늘 모든 구성원에게 정보를 오픈하였습니다. 조금 아쉬운 것이 있다면 월간 실적들이 아직 업데이트 되지 않았다는 겁니다. VP 보드 운영주체 챙겨주세요. 그렇지만 희망적인 것은 VP 보드를 이용하는 고객이 많아지고, 그 안에서 이야기가 조금씩 들리기 시작한다는 겁니다. 접근 권한이 없다고 피드백도 하고(바로 해결해 드렸습니다), 댓글을 통해 정보에 대한 문의와 대답도 생겨났습니다.

GWP(Great Work Place)에 있는 총무 도움방도 새롭게 바뀌고 있습니다. 여러분들이 신청하는 피복이나 보수요청은 처리속도가 많이 빨라질 겁니다. 그런데 잘 보면 조치에 대한 피드백이 없어요. 지원팀에서 빠르게 잘 처리하면 "고맙다"거나 "잘 처리되었다"거나 하는 결과에 대한 피드백은 담당자에게 힘이 될 겁니다.

어제는 기술팀과 클레임 보고회가 있었습니다. 그 시간에 이물 전담반의 활동 내용과 계획을 들었는데 참으로 기분이 좋았습니다. 박OO님은 작년에 활동했던 이물 전담반 활동 내용을 한 단계 업그레이드 해서 그 효율을 높이는 방향으로 보완하고, 실행하는 변화관리의 모습을 보여 주었습니다. 같은 업무지만 그냥 되풀이 하지 않고 문제점을 보완해서 새로운 효율과 가치를 만들어 가는 점이 참으로 좋았습니다.

여러분, 역량이라는 것이 어느 날 갑자기 하늘에서 떨어지지 않습니다. 우리가 일상적으로 반복해서 실행하고 있는 업무를 반추해 보고, 효과가 없는 일은 없애고 방법을 바꾸어 효과를 더 높여 나가는 변화를 계속 시도해 나가면, 그것이 쌓여 역량이 되는 겁니다. 그런 의미에서의 변화관리는 우리의 일상이 되어야 합니다. 우리가 하고 있는 방식의 편안함을 단호히 거절하고, 새로운 시도를 끊임없이 해봐야 합니다.

오늘 공장을 돌면서 바닥에 떨어져 있는 스티커나 비닐 뭉치들을 주워 보았습니다. 제가 부산에 와서 아주 이상하게 느끼는 것이 하나 있다면, 도로에 뭔가가 떨어져 있어도 줍는 사람이 없다는 겁니다. 그래서 잘 보면 우리 공장 바닥에는 지저분한 것들이 오랫동안 놓여 있는 경우가 많습니다. 이번 달부터는 우리 모두가 지나가면서 보이는 휴지나 비닐봉지, 스티커 등은 그때그때 주워서 도로가 깨끗하게 유지되도록 했으면 좋겠습니다.

이런 기본적인 마음이 없이는 공장의 실질적인 변화는 어려울지도 모릅니다. 저는 여러분들이 의식적으로 그러지 않는다는 걸 알지만 습관화 되지 않는 3정은 의미가 없습니다. 이번 달에는 이거 한 가지는 우리 함께 바꿔 봅시다. 우리가 CoP를 통해 자유롭게 소통하고 구성원의 의견을 듣고 그것을 반영하여 제도나 업무를 개선하는 것은 바로 강유문화를 강력히 구축하기 위한 첫 번째 단계 입니다. 그런 과정을 통해 우리는 상호 신뢰를 쌓아가고, 그 신뢰를 바탕으로 막강한 팀웍과 추진력을 얻어 도전적인 목표를 반드시 달성하게 될 것 입니다.

여러분, 이제 우리는 막 엄청난 변화의 토네이도를 일으키기 위한 소용돌이를 만들고 있습니다. 저와 여러분이 만들어 갈 그 강력한 토네이도가 생성되어 우리 공장의 낭비와 비효율, 갈등, 스트레스, 좌절, 피로들을 날려 버리고, 커다란 성과와 보람으로 가득 찬 진정한 GWP가 자리 잡을 그날까지 함께 가 봅시다.

『 2월의 끄트머리에서 3월을 맞이하며 』   ... 2012.2.26

여러분 안녕하세요? 요즘 들어 '날이 참 빨리도 지나가는구나' 하는 생각이 듭니다. 2월은 어떻게 지내셨습니까? 계획하신 대로 업무가 잘 진척되었나요? 우리 부산공장은 이제 슬슬 변화의 시동을 걸기 시작한 2월인 것 같습니다. 그러면서도 약간은 불안한 모습도 나타난 한 달이 아닌가 생각합니다. CoP의 경영방침을 보시면 부산공장 비전 체계도가 실려 있는데 우리의 OOOO억 달성을 위한 전략은 세가지 축으로 구성이 되어 있지요?

    제품 경쟁력 강화 – 극한 원가절감 / 클레임 뿌리 제거 / 맛 품질 경쟁력 확보
    운영 시스템 확보 – 공장운영체계완성 / SCM 최적화 / 조직문화 혁신
    성장 추진력 확보 – 햇반 증설 / 공장구조개혁 / 인재육성 및 확보

극한 원가절감은 지금까지는 잘 하고 있습니다. 원가혁신 CFT를 통해 꾸준히 절감 아이디어를 발굴 하면서 지금까지는 목표보다 OOO%를 진행하고 있습니다. 3대 프로젝트도 주기적으로 진행하면서 원가/품질에 대한 개선을 해 나가고 있습니다. 올해 제조원가 달성을 위해 필요한 OOO억 대비 부족한 목표금액을 현 시점에서 재산정하여 조직별로 분배 예정 입니다.

클레임뿌리제거는 많이 걱정되는 수준 입니다. 우선 2월까지는 인입되는 클레임수가 작년보다도 늘어나는 상황인지라 가장 긴장해야 할 영역 입니다. QCM(Quality Control Management)과제는 잘 진행하고 있어 향후를 기대하지만 사고로 늘어나는 클레임은 더 이상 발생되어서는 안되겠습니다. 공장운영체계는 5대 체계의 평가 및 실행이 막 시작 되었습니다. 리뷰

해드린대로 일시적이 아닌 체질화 되어 일상관리화 되는 수준까지 욕심내지 말고 꾸준한 PDCA(Plan, Do, Check, Action)를 돌려 주시기 바랍니다. 표준, 검사체계는 지금대로 실행해 주시고 전원참여체계는 스텝 조직의 소그룹 활동을 강화해주세요.

예방보전체계는 생산의 자주보전영역과 협업이 필요하고 컨설팅을 병행하도록 해주세요. 교육체계는 이론적인 체계보다는 현실적으로 가장 시급한 교육체계를 잡아 실행력을 높이는 방향으로 진행해주세요. 조직문화 혁신은 시작단계 입니다. 다만, 조직문화의 변화를 위한 시도가 아주 약하고 소극적이라는 느낌이 듭니다. 우리가 조직문화를 확실하게 바꾸려면 큰 변화를 시도해야 합니다. 그런 면에서 조직문화 혁신의 비전과 미션이 분명해야 할 것 같아요.

이번 달에 현장 분임조에서 분임조명을 바꾸었습니다. 아주 오랫동안 전통을 고수하며 정들었던 자부심을 가졌던 이름을 과감히 바꿨습니다. 은하수는 HIT로, 차돌은 LTE로, 뚝배기는 CEO로… 여러분, 혁신이란 바로 이런 것 입니다. 익숙하고 편하고 쉬운 것을 버리고 불편하고 낯설지만 새로운 도전을 시도 하는 것, 그 변화를 위한 시도가 바로 혁신이나 개혁의 출발점 입니다. 새로이 개설된 강한 현장 만들기 코너가 더더욱 발전하여 현장의 모든 커뮤니케이션 장이 되고, 변화와 혁신을 이끌어 엄청난 성과를 내 주시기를 진심으로 바라고 지원 합니다.

제가 지난번 CJ WAY 정직, 열정, 창의 3대 가치 중 '창의'에 대해 이렇게 말씀 드렸지요? "열정을 가지고 고민하다 보면 창의가 생긴다"고 말입니다. 반드시 해 내겠다는 열정으로 몰입하다 보면 아주 새로운 생각, 딴 생각을 하게 되고, 그것이 바로 혁신을 가져다 주는 창의적인 발상이 되기 때문 입니다. CoP도 보면 어떤 것은 시간이 지날수록 점점 그 내용이나 형식이 본질에 가깝게 구성되고 발전해 나가는 것을 볼 수 있습니다. 그런 것은 그 코너를 운영하는 사람이 열정을 가지고 고민하기 때문에 시간이 지나면서 점점 더 발전하는 모습을 보이는 겁니다. 그걸 저는 '진화'라고 부르지요. 다윈의 진화론은 바뀌는 환경에 생존하기 위해 진화하지만, 우리들의 진화는 본질적으로 우리가 추구하는 목표에 닿기 위해 부단히 변화해 가는 과정이라는 점이 다를 뿐이지요.

『 잘 나는 갈매기가 고기도 잘 잡는다 』 ... 2012.3.21

3월도 어느새 중순을 넘어서고 있습니다. 뭐가 그리 아쉬운지 꽃샘 추위로 한참을 머물다 겨울이 저만치 돌아갑니다. 자꾸만 뒤돌아 보면서 갈 때는 쿨하게 가야 하는데 말이죠. 1/4 분기를 마무리 하는 3월 입니다. 1년을 4등분 하여 첫 번째 3개월을 시작이라고 하면, 3월은 1년의 성과를 추정해보는 첫 시험대 입니다. 또한 새해를 시작하여 목표를 정하고 전략을 짜고 실행계획을 본격적으로 실행하는 때이기도 합니다. 이번에는 좀 구체적인 이야기를 해보려고 합니다.

3월 들어 제가 가장 의미 있게 생각하는 일은 '미초사랑' 입니다. 우리들의 작은 노력이 모여가더니 드디어 대표이사께서 미초사랑에 동참하고 지지를 보내셨습니다. 총괄 내 공장장들도 동참하고 지지하겠다는 피드백을 속속 보내고 있습니다. 여러분, 우리가 처음 이 일을 시작했을 때 어떤 생각을 하셨나요? 지금은 어떤 생각을 하고 계신가요?

저는 미초사랑이 당분가 큰 반향을 일으키며 빠른 속도로 확대 될 거라 생각합니다. 물론 그대로 두면 1달 내에 다시 원위치 되겠지만, 절대 그리

두지 않아야겠지요. 미초 OOO억 이 목표가 혹시 달성 가능성 없는 그저 의욕적인 숫자라 생각하셨나요? 저는 올해 이 황당한 목표와 시츄에이션이 현실로 다가오는 상상을 합니다. 그리고 그 상상 속에 우리들의 이야기를 하나씩 심어갑니다.

'너 때문에 내가 미초'에 그 이야기가 하나하나 늘어나고 있습니다. 급기야 대학교 새내기들 1백 여명을 대상으로 한 OT에서 미초를 선 보이는 장면까지 발전이 되었습니다. 박OO님 이~뻐! 300명이나 되는 체육행사에 미초를 공식적으로 음료로 제공하고 홍보를 했습니다. 장OO님 너두 이~뻐 ㅎㅎ

이런 일을 여러분들은 어떻게 생각하시는지요? 저는 이번 미초사랑을 통해 또 다른 교훈을 얻고자 합니다. 우리들의 뜻을 하나로 모으고 그 뜻을 이루기 위한 구체적인 행동을 할 때 어떤 변화와 성과가 나타나는지, 그렇게 움직이는 변화들과 조금씩 나타나는 작은 성과들을 보면서 우리들은 어떤 즐거움을 경험했는지, 참여하는 모든 구성원들이 실천하고 도전해온 그 인증샷을 보면서 진심으로 격려하고 칭찬하는 모습들은 서로에게 얼마나 좋은 기운과 격려가 되는지를 말이죠.

확신컨대, 미초가 OOO억이 달성된다면 그것이 가지는 사업적인 의미와 성장의 기반을 갖춘다는 경제적 효과 이상의 것이 있습니다. 그것을 달성하기 위해 우리들이 하나되어 만들어낸 변화와 작은 성과들, 그리고 그 과정에 서로에게 보냈던 응원과 격려와 웃음을 통해 엄청난 하모니로 만들어내는 값진 조직문화를 얻게 될 겁니다. 누구도 우리들의 목표를 그저 기특한 도전으로만 여길 뿐 현실과는 거리가 먼 이야기로만 생각합니다. 그런 이들에게 부산의 작은 갈매기들이 어떻게 이 거대한 미초○○○억이라는 성과의 탑을 쌓았는지를 꼭 보여주고 싶습니다. 우리는 지금도 많은 변화와 혁신에 도전하고 있습니다.

이러한 변화를 성공적으로 이끌어가기 위해서는 강한 열정과 끊임없이 타오르는 에너지가 있어야 합니다. 저는 그런 열정과 에너지의 원천은 바로 '조직문화'라고 생각 합니다. 그래서 CoP를 단순한 정보의 집합체가 아닌 정보가 끊임없이 흐르며, 서로 반응하고 융합하면서 아주 새로운 문화로 진화해 나가는 유기체 같은 소통의 원천이기를 원합니다. 이제 우리 부산의 소통의 장소인 CoP를 그저 소극적으로 참여하는 단계에서 벗어나야 합니다. 적극적으로 그 가치를 높이고, 그 속에 과감히 우리의 모습을 담아 모두에게 보여주고 나눠주며, 함께 만들어 가는 변화와 성과를 통해 새로운 미래의 비전을 실천해 나갑시다.

『 진정한 1등 사업장을 만들어 봅시다 』                    ... 2012.4.3

이제 바야흐로 봄의 여왕이 우리의 마음을 싱숭생숭하게 만드는 계절이 시작되었습니다. 지난 3개월 우리들은 새로운 조직문화를 만들기 위한 새로운 시도를 했지요? 여러분들의 피드백을 통해 나쁘지 않은 긍정적인 생각을 받기는 했습니다. 그러나 실제 경영성과는 오히려 그다지 좋지가 않았던 것 같습니다.

그래도 저는 우리 부산 사업장에 대한 가능성에 강한 믿음을 가지고 있습니다. 먼저 공장 내에서 우리도 의식하지 못한 채 일어나고 있던 여러 가지 잘못된 프로세스를 이번에 바로 잡게 되었습니다. 3년 동안 공장 안에서 신음하고 있던 불용자재를 모두 처분했고, 10여 년 동안 쌓여왔던 불용 자산과 상각비 등 OO억 중 O억을 정리했고, 나머지도 금년 내로 모두 정리하여 자산의 건전성과 투명성을 확보 할 겁니다.

우리가 관리하고 개선해 나가는 모든 정보를 구성원에게 공유하여 그 투명성을 높이고 상호 이해도를 향상 시켰습니다. 무엇보다 우리 부산 선수들의 마음이 열리고 잘못된 것을 잘못되었다고 이야기 할 수 있는 소통의 문화가 서서히 퍼져 간다는 사실이 너무도 저에게 큰 에너지를 줍니다. CoP를 통해 우리들의 모든 업무가 공유되고 의견이 활발히 논의되고, 그렇게 수렴된 결론으로 의사를 결정하고 있습니다. 실행하는 열린 조직, 열린 문화의 기반을 잡아가기 시작하고 있다는 사실이 저를 매일매일 설레게 한답니다.

1등, 진정한 1등 이란 어떤 것일까요? 겉으로 드러나는 몇 가지 지표만 가지고 1등 사업장이라고 당당히 이야기 할 수 있을까요? 목표를 달성하기 위한 열정과 노력이 지나쳐 본질적인 것을 왜곡하거나 수단 방법 가리지 않고 이루어내는 1등은 진정한 1등이 아닙니다. 진정한 1등 이란 우리 모두가 누구에게도 부끄럽지 않아야 하고 진정성을 가지고 만들어 낸 바로 우리들의 마음속에 자리잡은 자부심의 발로이자 모든 이에게 자랑스럽게 오픈해 낼 수 있는 본질적이고 객관적이며 공평한 승리여야 합니다.

진정한 1등이 되기 위해서는 우리가 진행하고 있는 공장의 조직문화의 혁신과 공장구조개혁과제를 지속적으로 발굴하고 실행하여야 합니다. 이를 체질화 하는 과정을 통해 공장 자산의 건전성과 원가의 투명성을 바탕으로 경쟁력을 강화하는 헌신의 노력을 더욱 적극적으로 진행해야 합니다. CJ WAY의 정직, 열정, 창의 중 단연 정직은 모든 가치에 우선합니다. 요즘 정직에 대한 온라인 교육이 이루어지고 있습니다. 교육과정에서 제시하는 사례들을 통해 앞으로 우리가 행동하고 지켜야 할 도덕적인 기준과 원칙에 대해 정확히 인식하시기 바랍니다.

사랑하는 부산 갈매기 여러분! 4월 월례 조회 시 보았던 동영상 기억나십니까? '클리세 깨뜨리기'… 판에 박힌 문구, 차가운 규정을 깨고 신선하고 따뜻한 감동을 주는 변화와 혁신을 시도해 보자는 영상이 인상적이었습니다. 우리도 지금까지와는 다르게 도전해 봅시다.

조금이라도 더 좋게, 더 편리하게, 더 즐겁게, 그러면서도 훨씬 더 가치 있는 방법을 찾아 꾸준히 바꾸고 도전해 봅시다.(공장구조개혁) 가치 없는 형식은 과감히 버리고, 눈치 보느라 망설이는 의견들도 자유롭게 CoP를 통해 개진하는 문화를 만들어 갑시다.(조직문화혁신, 오픈 커뮤니케이션). 공장 내 관리 사각지대를 찾아 보이게 하고, 있어야 할 것과 없애야 할 것을 정해서 과감히 정리하고 새로이 만들어 갑시다.(개선여행, 공간의 혁신)

앞으로 여러분은 지금까지 변해가는 공장의 모습처럼 매달 새로운 공간과 변화를 실감하게 될 겁니다. 3월은 후문으로 새로운 창고가 들어섰고, 옥외 화장실이 없어지고 기숙사동에 새로운 공간으로 개선을 했습니다. 4월과 5월에 햇반의 물류가 완전히 바뀌어 통합창고로 직접 이동되어 지게차의 통행이 반으로 줄어 들고, 수출가공센터가 물금으로 이전될 겁니다. 6월에는 기숙사동 지하공간과 본관 로비 탈의실 공간이 완전히 딴 공간으로 확 바뀔 것입니다.(아마도 여러분이 전혀 생각하지 못할 정도로 딴 공간이 될 겁니다).

7월과 8월이 되면 후문 쪽으로 폐기물처리장이 옮겨가고, 마늘 탈피장과 일진푸드 폐수처리장은 완전히 없어집니다. 또한 수출가공센터와 폐기물처리장을 통합하여 정문 쪽에 햇반 통합창고가 생겨날 겁니다. 그 때 주차장 공간을 개조하여 여러분들 야외 휴식공간을 만들어 줄 생각입니다. 9월과 10월이 되면 햇반 천막창고 자리에 새로운 햇반공장이 들어서서 그 위상을 드러내게 될 겁니다. 그래서 12월쯤에는 공장의 지도가 바뀔 겁니다.

부산에 와보니 바람이 많이 부는군요. 어렸을 적에 바람이 불면 동네 또래들이 집에서 안 나와 혼자서 친구들을 기다리던 쓸쓸한 기억 때문에 저는 바람을 별로 안 좋아합니다. 초등학교 때 동네 강아지한테 물린 다음부터 개를 보면 은근히 겁이 나고, 이놈들의 행동을 믿을 수가 없어요. 특히 큰 놈들 만나면 나도 모르게 ㅠㅠ… 나쁜 기억과 상처 받은 기억은 수 십년이 지나도 이렇게 없어지지가 않는 답니다. 서로에게 상처를 주는 말이나 행동 보다는 배려와 진심 어린 관심을 통해 서로에 대한 믿음을 키우고, 팀웍을 극대화 하는 커다란 마음을 가지도록 합시다.

『 **5월의 새로운 시작다** 』 ... 2012.4.30

어느새 4월의 마지막 날이 되었습니다. 참으로 세월이 빠르게 간다는 생각을 문득문득 합니다. 사업장은 온통 공사가 진행되어 관련자 모두가 바쁘게 움직이고, 공장의 모습도 이제 막 바뀌어 가고 있습니다. 4월은 생산총괄 한마음 전진대회를 통해 생산총괄 산하 모든 간부가 모여 비전을 함께 공유하고 뜻을 모았습니다. 4월 총괄 경영회의를 통해 1/4분기를 돌아보고, 2/4분기를 준비하는 시간도 가졌습니다. 그 자리에서 우수 사업장 시상이 있었습니다.

부산 사업장이 두 부문 모두 수상을 하지 못했답니다. 1등의 DNA를 가지고 있다는 우리 부산이 이제는 슬슬 부산의 저력을 보여주어야 할 때가 온 것 같습니다. 여러분들과 소통하고 마음을 열어가며 조직문화를 바꾸어 가고자 무진장 애 쓰고 있습니다만, 표면적인 성적표가 좋지 않으면 이런 변화와 혁신 방향에 힘이 잘 실리지 않는 답니다. 그래서 다음과 같은 모습으로 1등 지위를 가져오고자 합니다.

- 2/4분기 두 개의 상: 원가/품질 2개의 상에 도전
- 3/4분기 일등의 귀환: ONLY ONE적인 구조개혁과제의 완성으로 BP 사례를 만들어 수평전개(물류구조개혁, 폐기물구조개혁, 완포장구조개혁, 미초 200억 달성 등)
- 4/4분기 성장의 시작: 햇반 신규 공장의 가동 및 성장지도 완성

우리 부산의 조직문화의 개혁은 지금 어디쯤 가고 있는 걸까요? 어디까지 생각하고 어떤 실행계획을 가지고 있습니까? 지금까지 해오던 일 들이 지금 어떤 형태로 바뀌었습니까? 우리는 바꾼다는 것에 대해 공감하거나 생각은 가지고 있지만, 구체적으로 그것을 실행하여 현재의 것을 없애거나 변화시키지는 않는 것 같습니다. 조금 시도하다가 멈추어서는 다시 예전과 같이 행동하는 일이 다반사 입니다. 조직문화를 바꾸는 일도 로드맵을 세우고 구체적인 실행계획을 세우고 정기적인 점검체계를 가지고 실행되어야겠습니다.

4월에 시행된 사랑의 포차가 성황리에 마무리 되었습니다. 참으로 좋은 전통 입니다. 그 사랑의 포차를 운영하면서 겉으로 나타나는 즐겁고 흥겨운 모습도 보기 좋았습니다. 그것을 준비하고 또 실행하면서 다른 이

들을 위해 묵묵히 자신의 시간과 노력을 기꺼이 제공하는 많은 선수들을 보았습니다. 또 거기에 참석하는 구성원들도 기꺼이 분위기를 맞추고 마음을 열어주는 모습도 보았습니다. 저는 바로 이러한 마음이야말로 진정한 GWP의 본질이라는 생각을 합니다. 매월 진행되는 생일자 파티가 바로 진심으로 감사의 마음을 느끼게 하는 대표적인 조직문화의 한 모습입니다.

현장에서 진행되고 있는 개선여행이 또 다른 조직문화를 만들어 줄 겁니다. 사업장의 사각지대나 관리가 어려운 개소를 찾아 관리 주체를 만들고 개선하는 동안 모든 구성원들이 소통의 기회를 만들어 가고, 리더들의 지원 하에 반드시 성공적인 결과를 만들어 내는 현장 개선의 새로운 시도를 통해 개선의 재미와 성과를 크게 느낄 수 있을 겁니다.

지역사회와 함께하는 CJ제일제당의 사회공헌활동도 이제는 형식보다는 본질에 충실해야 합니다. "봉사를 받는 사람보다 그것을 하는 사람이 더 크게 얻는다"고 합니다. 누군가를 위해 봉사하는 그 노력보다 더 큰 기쁨과 보람을 얻는다고 합니다. 다른 이를 위해 기꺼이 자신을 던질 수 있는 그 마음이 바로 봉사의 본질이 아닐까 합니다. 우리는 몰운대와 다대포 해수욕장의 환경정화 활동을 하기로 하였으니 상시 활동이 되도록 준비하고, 여러분 모두가 자발적이고 적극적인 활동 참여를 해주시길 당부 드립니다.

여러분, 5월은 가정의 달이라고 합니다. 살아가는 모든 근원이 나와 가정으로부터 시작되기 때문에 가정은 우리에게 가장 핵심적이고 소중한 대상 입니다. 우리가 직장 생활을 하면서 갈등하고 힘들어 하고 스트레스 받는 것은 바로 가정과 직장 사이에서 균형을 잡지 못하고, 어느 한쪽으로 치우쳐 다른 한쪽으로부터 자기 자신의 존재감이 약해져 있는 경우가 많습니다. 5월에는 부디 회사에서도 직장에서도 자신의 존재감을 느끼고 구성원으로서의 책임을 다하는 자아를 찾아가는 지혜로움을 가지시기 바랍니다.

『 우리가 그려야 할 큰 그림과 만들어야 할 조직문화는? 』　　... 2012.5.24

5월인데도 날씨가 많이 덥군요. 휴~ 정신이 다 멍멍할 정도입니다. 이럴 때 얼음 위에 미초음료 한잔 시원하게 마시면 좋겠네요. 5월도 어느새 다 지나가고 있습니다. 참으로 빠르게 지나는 시간 속에서 조금은 애타는 심정으로 변화와 혁신의 과정을 지켜봅니다. 한편으로는 가시화 되어가는 변화의 모습에 가슴이 벅차 오르는 희열과 기대감으로 설레고, 또 한편으로는 아직도 변화하고자 하는 의지가 감지 되지 않아 많이 답답하고 속상하기도 합니다.

사람들은 익숙한 것으로부터 벗어나기를 본능적으로 싫어한답니다. 하지만 여행을 갈 때는 익숙한 것 보다는 새로운 것을 기대하면서 설렘을 가지고 떠난답니다. 혁신은 바로 이런 여행의 개념을 도입해야 한다고 생각합니다. 마치 우리가 반복적인 일상의 단조로움을 떠나 새로운 경험을 통해 마음의 위안을 얻고 새로운 아이디어를 구성하듯이 우리의 구조개혁은 시작되고 진행되어야 합니다.

여행은 출발하는 시점부터 즉, 집 떠나는 시점부터 '개고생'을 합니다. 하지만 우리는 그 고생을 기꺼이 받아들이고 즐기며, 그 긴 여정 동안 뭐가 그리 즐거운지 웃고 떠들기 마련입니다. 물론 그 여행은 시간이 지나고 나면 공간은 다시 제자리로 온다는 가정하에서 그럴지도 모른다는 생각이 듭니다. 오늘 즐거우신가요? 아님 즐거운 일이 있으셨나요? 내일, 아니면 다음주 무엇인가를 궁금해 하며 결과를 기다리는 것이 있나요? 그렇지 않다면 여러분은 아주 식상한 일상 속에서 쳇바퀴 돌 듯 그렇게 시간을 죽이고 있는 겁니다.

아주 작은 것에서부터 커다란 구조개혁까지 우리는 매일 무엇인가를 시도하고 도전하면서 그 과정과 결과를 궁금해 하고 기대하면서 그렇게 살아 보기를 강력히 권유합니다. 오늘도 아침에 몸무게를 재면서 막 설레고 기대하다가(물론 바로 실망하긴 했지만) 내일이 또 기대 됩니다. 그래서 밤 늦도록 술을 먹고도 이른 아침에 망설임 없이 출근해서 열심히 걷고 땀 흘립니다. 몸무게의 변화를 기대하면서 말이죠. 사실은 몸무게가 목적이긴 했지만, 그 과정에서 더 큰 즐거움을 느끼게 되었습니다. 땀을 뻘뻘 흘리며 운동하는 동안 느껴지는 즐거움과 행복함이 장난이 아닙니다. 이제는 중독성까지 느껴집니다. 단지 체중에 대한 도전을 선언하고 그것을 실천하려는 작은 시도가 정말 많은 것을 변화시키고 있습니다.

저는 이 공장에 부임하면서 두 가지 목표가 있었습니다.

하나는 공장의 성장전략을 만들고 가장 효율적인 공장으로 만들어 그 목표를 O천억 이상으로 해야겠다는 거였고, 또 하나는 우리 구성원들에게 진정한 GWP(일하기 즐거운 직장)를 만들어야겠다는 겁니다. 처음부터 공장의 레이아웃을 가지고 매일 그림을 그린 답니다. O천억을 할 수 있는 공장의 가장 합리적인 레이아웃을 위해서요. 그러다 보니 이런 저런 공장의 불합리와 3정의 모순을 발견하게 됩니다. 그래서 기회를 만들어 그것을 하나하나 부숴내고 새로운 그림을 그려 나갑니다.

아시죠? 제가 내년에 미초를 인하우스 하려고 한다는 거요. 그리고 미초로 매출 OOO억을 만들어 보려고 한다는 거. 요즘은 틈만 나면 미초 알리기에 여념이 없습니다. 근데 그 미초사랑이 사업전략의 한 수단으로 진행하지만, 그 과정에서 더 큰 즐거움과 팀웍을 만들어 준다는 걸 느꼈습니다. 이것이 두 번째 목표인 GWP 구현과도 아주 잘 통하고 있다는 걸 알게 되었습니다. 그래서 그것을 적극적으로 확대하고 이제는 사회봉사활동에도 연결하게 되었답니다. 여러분 매주 팀 단위로 진행하게 되는 몰운대 가꾸기 봉사활동을 아주 중요한 일로 생각하고 적극적으로 열심히 해주세요.

우리지역 부산의 4대 명소 중(해운대, 태종대, 이기대, 몰운대) 하나인 몰운대를 가꾸고 정화하는 활동이 얼마나 가치 있고 의미 있는 일입니까? 그 과정에서 미초음료를 시민들께 제공하여 시원함과 즐거움을 드리고, 더불어 미초를 노출해서 홍보도 합니다. 이런 걸 '도랑치고 가재잡고, 꿩 먹고 알 먹고, 일석이조'라고 하죠. '봉사활동 하고 미초 홍보하고, 미사모 회원식당에서 회식을 하니 일석삼조군요. ㅎㅎㅎ

회사생활 이렇게 하면 좀 더 즐거워지지 않을까요? 이런 활동의 모습을 사진으로 찍어 CoP에서 동료들과 함께 공유하고, 또 다른 이야기의 소재가 되어 자연스런 소통의 즐거움으로 연결되면 말입니다. 지금 CoP에는 동호회의 활동 모습, 사내 각종 행사의 모습(미인대칭비비불, 월례조회, 생일잔치, 봉사활동 등등), 그리고 너 때문에 내가 미초의 인증샷 등이 올라옵니다.

이제 우리에게 즐거움과 이야기 거리를 제공하는 일은 자연스런 일상으로 자리를 잡아가고 있습니다. 또 다른 변화와 진화를 만들어 가겠지만, 우선은 지금의 CoP활동에 적극 참여하고 즐겨 주십시오.

일이란 단순히 진지함과 시간적으로 열심히 하는 것 만으로 큰 성과를 내지는 않습니다. 무엇을 어떤 모습으로 만들어 낼 것인가를 생각하고, 지금의 익숙함이 새로운 가치를 만드는데 걸림돌이거나 큰 낭비라면 이제 과감이 그것을 버려야 합니다. 근거를 남기기 위해 굳이 하지 않아도 될 것을 보고서를 작성하고 결재를 받고, 혹시 나중에 책임이라도 질 까봐 스스로 결정할 사항인데도 상사에게 결정하게 한다든지, 문제가 있는데 그것을 감추어 개선의 기회를 놓친다든지 말이죠.

그런 식으로 소심하고 수비적인 자세로 일관한다면 앞으로의 시대에는 그건 수비가 아니고 오히려 구조조정의 표적이 될 겁니다. 우리는 안주하고 지키려는데 주력하면 사방을 살펴야 합니다. 즉 눈치를 봐야 합니다. 다른 이에게 노출되지 않고 조용히 반복적이고, 익숙한 일을 하면서 지내고 싶을 때 나타나는 현상 입니다. 상사를 만나기가 두렵고 왠지 질문이라도 받으면 어쩌나 걱정이 앞섭니다.

혹시 이런 증상을 가진 분들은 이제부터 제가 추천하는 즐거운 변화 혁신에 적극 동참하세요. 거리낌없이 문제를 이야기하고 그것에 대해 진지하게 소통하고, 서로 도와 그 문제를 풀어내고 완성된 성과에 대한 기쁨을 만끽합시다. 서로 격려하는 것! 이것이 바로 우리가 추구하는 바람직한 조직문화가 아닐까요?

사랑하는 부산 갈매기 여러분, 우리 부산만의 온리원적인 조직문화를 만드는데 함께 합시다. 그리고 저와 함께 큰 그림을 그려봅시다.

『 돌멩이 하나로 새떼를 잡는다 』 ... 2012.6.15

기온이 많이 올라가서 그런지 가끔씩 더위로 정신이 없기까지 합니다. 6월은 유럽 경제의 불안이 지속되면서 환율로 인한 경영성과에 부정적인 소통의 영향이 커지고 있습니다. 전사적으로 시행하는 비상경영에 대한 지침을 반드시 적극적으로 동참하고 실행해 주시기 바랍니다.

아주 쉬운 일부터 실천하기로 합시다. 회식 후 2차 안 가기. 노래하고픈 욕망을 도저히 억누르기 어렵다면, 오케이! 단, 1/N!! ㅎㅎㅎ 충동적인 여러 번의 모임보다는 사전 계획에 의한 한두 번의 충실한 모임을 합시다. 부서 회식은 한 달에 한 번 하는 몰운대 가꾸기 사회공헌 후 실시! 이해 되시죠? '일석군조'(돌멩이 하나로 새를 떼거리로 잡는다).

<도전합시다> 코너의 활성화를 통해 술 먹는 회식을 줄이고, 좀 더 건전한 일과 후 활동을 늘립시다. 체육활동이나 자격증, 어학교육 아니면 취미, 동호회 활동을 통해 팀웍을 다지고 스트레스를 풀어 내시도록 하세요. 물론 그때마다 미초 준비해서 음료로 먹는 거 알지요? 이번에 사내판매로 500ml 한 병에 1,000원으로 파격적인 세일한다고 하니 미리 좀 구매해 두고 이용하면 좋을 겁니다. 유통기한 2달 정도 남은 건데 먹는 거는 연말까지는 문제 없을 겁니다.

7월부터는 사업장도 금연을 시행해야 하는 상황 입니다. 저도 작년까지는 아주 애연가였고, 담배도 하루 한갑 반을 피우다가 금연한지 1년이 되

었습니다. 당장은 좀 힘들기는 한데 1주일만 참으면 점점 쉬워지더군요. 이제는 선택의 여지가 없으니 과감하게 이 메시지를 읽고 나면 시행하십시오. 장담하건대 금연하고 나면 절대 후회할 일 없을 겁니다.

제가 CoP를 통해 여러분과 소통을 시작한지 반년이 되었습니다. 이번 달에는 또 새로운 변화가 있었습니다. 생산2팀을 맡고 있는 강OO님의 소통을 위한 새로운 시도가 시작되었습니다. VP 보드 생산2팀에 가 보시면 생산2팀의 리더의 메시지라는 소통의 현장을 보실 수 있습니다. 개인적으로 강OO님의 새로운 시도에 진심으로 감사 드리고, 다른 팀도 소통을 위한 시도를 해주셨으면 합니다.

참으로 이상하지요? 이런 작은 시도가 시간이 지나면서 전파되면 진화해 나간다는 사실이 말이죠. 미초도 우리가 인증샷을 시작하고 홍보를 시작한지 5개월이 되어서 변화가 일어났습니다. 평소 O억하던 매출이 5월에 OO억을 넘었습니다. 6월도 그 이상을 하겠다는 목표를 가지고 판매를 하고 있습니다. VP 보드의 지원팀에 가보시면 일일실적에 미초 매출추이가 있으니 가 보시기 바랍니다. 저는 요즘 '너 때문에 내가 미초' 인증샷을 보는 재미에 더해 미초 매출 추이를 보는 재미가 더 늘었답니다.

GWP건 누가 주는 게 아닙니다. 바로 우리가 만들어 가는 겁니다. CoP의 운영과 콘텐츠의 가치를 높이려는 애 쓰는 CSI 멤버들에게 이 글을 통해 감사와 격려의 말씀을 드립니다. 여러분의 노력이 시간이 지날수록 엄청난 변화를 이끌어 간다는 사실을 생각하면서 CSI 멤버로써의 책임감과 자부심을 가지시기 바랍니다.

요즘 사업장에서 일어나는 몇 가지 사항을 이야기 하겠습니다. 도로에서 공장 외곽주변을 보면 아주 깨끗해진걸 느낍니다. 우리 갈매기들이 점심을 이용하여 공장 외곽을 청소해주면서 달라진 모습입니다. 공사 주변도 CJ건설과 협력업체에서 관리자들이 중심이 되어 자발적인 청소활동을 하고 있습니다.

이런 자발적인 변화가 너무도 좋은 변화를 이끌어 가고 있습니다. 공사가 여기저기 엄청나게 시행되고 있는데도 아주 조용히 침착하고 안전하게 공사가 진행되고 있습니다. 그 내면에는 정말 열정적으로 일을 해주는 사람들이 있기 때문 입니다. 몰운대 가꾸기 사회공헌활동이 1회전 성황리에 진행 되었습니다. 매주 진행되는 몰운대 가꾸기는 아마도 우리의 새로운 조직문화로 발전될 겁니다.

하늘과 땅사이 개선여행에 많은 지원이 시작되었습니다. 그 동안 멤버들의 참여가 저조해 진척이 늦었지만, 소통을 통해 많은 지원자를 받기 시작했습니다. 특히 공무팀 강OO님과 보전 갈매기들의 활동이 압권이었고, 그 다음주 지원팀과 혁신팀의 몸을 사리지 않는 부상 투혼(?)까지 난리 났었습니다.

이번 주에 BB(Black Belt) 인증시험이 있었습니다. 인증 시험을 준비하고 도전해준 모든 분들께 격려의 박수를 보냅니다. 모두 합격하면 좋겠지만, 혹 합격이 안되더라도 어떤 목표에 도전하고 그 준비를 한 과정에 대해 격려를 드립니다. 이제 우리 부산 갈매기들은 무엇이든 한가지씩 도전하고 변화하고 있는 거 맞지요? 그렇게 믿겠습니다.

## 『 한 단계 진화된 하반기를 기대하며 』 ... 2012.7.1

이제 한 해의 허리를 꺾어 연말을 향해 달려 내려가는 반환점을 지나고 있습니다. 언제인지 모를 만큼 시간이 빠르게 흘러가고 있군요. 벌써 반년이 지났다니? 지난 상반기에 있었던 큼직한 이슈들은 한번 짚어 봐야겠지요?

햇반 증설 공사가 한창 진행되고 있습니다. 그 과정에 수출가공센터도 물금으로 이전하였고 통합 창고가 건설되고 있습니다. 폐기물처리장도 이전하기 위해 건설 중이고요. 하반기에 본격적인 공장동 건설과 설비 반입 등 아주 중요하고 바쁜 일정이 될 것 입니다. 말없이 열정적으로 프로젝트를 진행하는 멤버들이 기운을 내라고 박수 크게 쳐 줍시다. 짝짝짝!!!

개선여행을 통한 현장 혁신의 새로운 시도가 진행되고 있습니다. 어느새 지하 공동구가 성공적으로 여행을 마치고 지금 5개팀 여행 중 입니다(일진이네, 하늘과 땅 사이, 기차로 떠나는, 무한도정, 가을풍경). 몰운대 가꾸기를 통한 지속적이고 보람되며 진정성 있는 사회공헌활동을 펼치고 있고, 동호회 활동의 참여도가 높아지면서 재미있고 팀웍이 살아나는 조직으로 바뀌고 있습니다. 공장의 GWP 실현을 위해 부산이 변하고 있습니다.

조직문화 혁신의 허브인 CoP의 진화속도를 높여 GWP에 한발 더 가까이 갑시다. <도전합시다>2기 모집에 전원 참여해서 작은 도전을 통한 아주 큰 변화를 이끌어 냅시다. 금연, 다이어트, 어학, 자격증 등등.

『 변화하는 삶, 건강한 삶을 즐겨라 』 ... 2012.7.22

얼마 전 저의 카톡으로 오랜만에 후배로부터 연락이 왔습니다. 함께 보내준 동영상을 보니 문득 제 생각이 났다는 메시지를 달아서 말이죠. 5년 전 회사를 정리할 때 명퇴 때문에 고민하던 영업부장이었던 후배를 제가 설득해서 명퇴하고 새로운 인생을 시작하게 했었습니다. 지금은 어엿한 총괄사장이 되어 전문 경영인으로서 역할을 인정 받는 아주 대단한 변화를 만들었더군요. 함께 보내온 동영상은 이런 내용이었어요.

길거리에 맹인이 앉아서 구걸을 하는데 "저는 맹인 입니다. 제발 도와주세요" 라는 글귀를 들고 있었답니다. 아무도 그에게 동전을 선뜻 내주지 않았고, 그의 깡통은 거의 비워진 채 하루가 가고 있었답니다. 그때 지나가던 한 금발의 아가씨가 그 글귀를 바꾸어 쓰고 난 다음 지나가던 모든 사람들이 동전을 기꺼이 내주기 시작했답니다. 그녀가 써준 문장에는 "오늘은 정말 아름다운 날 입니다. 그런데 저는 그걸 볼 수가 없답니다"라고 쓰여 있었다고 합니다.

같은 내용, 같은 상황을 바라보는 생각의 차이가 얼마나 다른 결과를 가져오는가를 느끼게 하는 동영상이었습니다. 어렵고 난감한 상황에서 희망을 찾고 긍정적인 생각을 가지는 것, 그것이 진정한 성공과 실패를 가르는 핵심인 것 같습니다.

절망 속에서 희망을 본 사람들의 이야기를 우리는 많이 보고 들었습니다만, 막상 우리 앞에 그런 상황이 오면 그 희망 대신 절망을 끌어안고 두려워하는 것이 일반적인 현상 입니다. 그래서 우리에게는 항상 갑자기 닥쳐올 위기와 어려움을 극복해 나갈 수 있는 용기와 마음가짐이 필요한 것

입니다. 일상적으로 반복되는 생활 속에서도 무언가를 개선하고 바꾸어 가려는 시도와 도전의 노력이 필요한 이유를 이제 이해 하시겠지요?

제가 여러분께 '도전합시다' 코너를 만들어 각자의 생활에 변화의 불씨를 살려보려 애쓰는 이유이기도 합니다. 변화하는 삶, 일상에 도전하는 삶을 통해 우리는 우리 자신의 잠재된 열정과 역량을 발견하고 삶의 현장으로 끄집어 내어, 지금까지와는 다른 보람과 희망을 만들어 가며 발전하는 그런 역동적인 삶을 경험해 보십시오.

요즘 다이어트나 건강과 관련된 도전 목표를 잡고 그 동안의 생활 패턴을 바꾸면서 아주 열심히 변화의 의지를 다지며, 쏟아지는 땀방울과 거칠어지는 숨소리를 내쉬면서 그 도전의 기쁨을 즐기시는 갈매기들이 늘어가고 있습니다.

그 작은 변화, 일상의 시간표와 행동을 조금 바꾸는 도전만으로도 우리들은 삶의 목적과 기쁨이 완전히 바뀐다는 걸 알게 될 것입니다. 일정 기간이 지나면서 갑자기 찾아오는 이 몹쓸 자신감은 뭐고? 자주 느꼈던 삶의 무력감을 산산조각 내버리고 나를 두근두근 들뜨고 설레게 하는 이 주체할 수 없는 기대감은 어디서 왔을까?

이런 변화의 삶, 어~렵지 않~아요! 오늘 당장 CoP에 있는 '도전합시다. 시즌 2'에 도전항목 등록하면 돼~요. 참! 쉽~죠~! 잉! 내일부터라도 지금까지와는 다른 변화하는 삶을 시작하십시오. 몸도 마음도 건강하게 바뀔 겁니다. 그 건강한 삶을 즐기십시오.

여러분 혹시 우리가 처음 미초를 가지고 시작하던 때를 기억하십니까? 회식자리에서 혈맹주로 조촐히 시작한 그 미초 홍보활동이 지금 어떻게 변했고, 어떤 결과를 가져오고 있나요? 미초는 우리가 상상했고 그 기대감을 넘어 엄청난 성과를 만들어 낼 겁니다.

이미 7월이면 작년 매출에 도달할 것이고, 월 매출이 신기록이 깨지는 역대 가장 뛰어난 성과를 올리며 새로운 가능성을 보여주고 있습니다. 그것을 이루어 낸 사람들이 누구 입니까? 바로 여러분 입니다. 여러분들은 이미 삶을 변화시키는 역량을 가지고 이미 그 경험을 하고 계신 겁니다.

하반기 우리 모두 '도전합시다'를 통해 각자 건강한 삶과 건전한 정신을 만들고 부산 사업장의 'Great challenge 5120'을 성공적으로 달성할 열정의 에너지와 막강한 팀웍, 그리고 부산 갈매기만의 온리원적인 조직문화를 만들어 갑시다. 지금 동참하세요. 새로운 도약을 위한 위대한 도전의 첫 걸음에 도전합시다. 시즌2!!

『 뜨거운 여름의 한 가운데서 입추를 만난 이유는 』　　　... 2012.8.7

오늘 문득 이런 생각이 들었습니다. 처음에는 '이런 변화의 시도가 얼마나 호응을 얻을 수 있을까' 하는 걱정을 가지고 시작했었습니다. 지금은 여러분들의 전폭적인 지지와 동참에 힘입어 엄청난 속도로 변화와 도전의 문화를 확산시켜 나가고 있습니다.

이런 단계별 목표를 달성해 나가려면 각 단계별 전략과 실행과제가 달라야 하고 미리미리 준비가 되어야만 해당 시점에 적절한 시책을 펼칠 수가 있는 겁니다. 그런데 그게 그리 녹록한 일이 아닌지라 항상 집중하고 고민해 나가야 하는 노력과 열정이 필요합니다.

이번에 제가 여러분께 드리고 싶은 메시지는 여러 가지를 많이 벌려 마무리를 하지 못하는 것보다는 한 두 가지 시작한 일을 끝까지 마무리하여 목표를 달성하는 일이 중요하다는 말씀을 드리고자 합니다. 우리가 하고 있는 여러 가지 변화와 혁신의 활동들도 이제는 더 이상 벌이지 말고 지금 시작한 활동에 집중하고 그 성과를 가시화 하기를 권합니다. 현장의 개선여행이 1차 지하 공동구를 진행할 때만 해도 엄청난 관심과 응원에 힘입어 잘 완료되었습니다.

그 과정에 등록된 5개의 과제가 진행되고 있지만, 집중도와 관심 그리고 지원은 초기 과제에 비해 부족한 상황입니다. 이제 개선여행은 5개를 Max로 하고 하나가 완료될 때만 추가 과제를 등록하도록 해야겠습니다. 그리고 기 등록된 개선여행 테마는 이제부터라도 리더들의 관심을 바탕으로 활성화 되고 성공적으로 완수되도록 해주십시오.

미초 000억도 지금이 고비입니다. 7월 피크치고 8월은 주춤 합니다. 이제 홍보와 매출은 별도의 관리를 해야 할 시점이 되었습니다. 일을 해 나가는 우리 모두가 한번쯤 자신이 알고 있는 업무에 대해 진진하게 살펴 보십시오. 그리고 앞으로는 어떻게 달라 질 것인지? 혹시 선임자가 해 오던 그대로 하면서 안주하고 있는 건 아닌지? 아마추어는 일을 했다는데 만족하지만, 프로는 일을 완성했다는데 그 의미를 둔다고 합니다.

일은 했지만 본래 뜻한 바 대로 되지 않았다면, 프로는 그 일은 아직 끝나지 않았다고 생각합니다. 그래서 왜 뜻대로 되지 않았을까를 돌아보고 다음 번에 반드시 그리하려고 집중합니다. 항상 겸손하고 진지했던 초심은 변하지 않도록 가슴에 품으시고, 우리 자신과 우리의 생활은 매일매일 같지 않도록 바꾸어 나가시기를 권합니다.

『 새 식구들이 좋은 기운을 주는 것 같습니다 』 ... 2012.11.7

11월은 아주 풍성한 달 입니다. 무려 40명이나 되는 새 식구들이 부산공장에 합류하였습니다. 아마도 부산공장의 성장을 견인하는 훌륭한 인재로 커나갈 거라는 기대로 가슴이 벅차는 하루 입니다. 그 동안 새 식구들을 맞이하기 위해 애써주신 인사팀 멤버들에게 감사의 말씀을 드립니다. 앞으로도 많은 애정과 관심으로 40명 모두 안정적으로 적응하도록 지원을 부탁합니다.

지난주 창립기념일에 우리 부산공장에서 CJ AWARD 가치실천상을 수상했습니다. 공장에서 미초 OOO억 이라는 제목으로 우리제품 사랑하기 활동을 전개한 것에 대한 노력을 인정해 주었습니다.
여러분 모두의 참여와 적극적인 활동이 사람들의 마음을 움직였고, 조금씩 확산되어 매출 OOO억 이라는 괄목할 성장을 만들어 내었습니다. 이 소중한 상을 수상한 것을 진심으로 감사하고 축하 드립니다. 내년에는 미초 OOO억을 반드시 만들어 내어 가치실천상의 에너지가 어떤 결과를 낳았는지를 부산공장을 아껴주시는 모든 분들에게 보여주도록 합시다.

『 부산공장의 제 2의 위대한 도전을 시작합시다 』 ... 2012.12.8

이제 2012년도 마지막 한달을 보내고 있습니다. 차분히 한 해를 돌아다보니 참으로 많은 변화가 있었고, 그것을 이루기 위한 뜨거운 열정도 있었습니다. 여러분들과 함께 한 CoP내 사진들을 보니 매 순간 즐거웠었구나 하는 생각이 듭니다. 사진을 본다는 것이 마치 이미 지나간 시간들을 잠시 되돌려 주는 마술처럼 느껴집니다.

공장의 모습은 참으로 많은 변화가 있었음을 느낍니다. 특히 밤이 되면 CJ제일제당 부산공장의 존재가 이제는 아주 아름답고 당당한 모습으로 보여집니다. 1년여 동안 많은 역경을 넘어 건설한 햇반의 신공장이 양산을 시작합니다. 내년에 아무런 사고나 문제없이 풀 가동되기를 진심으로 기원합니다.

처음에 시작한 CoP가 지금은 제법 스스로 가동되는 소통의 장으로서 진화하고 있습니다. 초기 활성화를 위한 노력해준 CSI 멤버들한테도 고맙다는 말과 내년에는 소통의 장에서 본격적인 진보가 있기를 희망합니다.

지하 공동구의 생쥐 출현으로 시작된 개선여행이 생각납니다. 에코분임조의 엄청난 열정과 헌신적인 노력으로 그 길고도 고단한 여행의 여정을 행복한 웃음으로 마쳐준 멤버들한테 진심으로 수고 했다는 말과 개선여행의 개념이 얼마나 가능성이 있는가를 증명해준 것에 대한 기쁨과 고마움을 함께 드립니다. 내년에는 개선여행사를 반드시 만들어 현장에서 여행을 통해 일의 즐거움과 새로운 성과의 기쁨을 누릴 기회를 꼭 드리겠습니다.

가을풍경, 무한도정, 일진이네, 환경사랑, 메아리, 기차로 떠나는 여행, 하늘과 땅 사이, 그리고 한겨울 여행을 떠난 눈꽃축제까지 함께 해준 모든 분들께 그 마음에 감사와 격려의 마음을 보냅니다. 특히, 직접 참여하여 지원을 아끼지 않은 이OO대표, 김OO대표께 진심으로 감사하는 마음입니다.

물류 구조개혁, 완포장 구조개혁, 육수명가 생산구축, 폐기물 50% 절감, 햇반 1호기 개조, 햇반 강건설계, 미초 200억 등의 새로운 구조개혁의 시도가 있었습니다. 올해 성과를 낸 과제도 있고 내년에 그 성과를 보게 될 과제도 있습니다. 이런 구조개혁과제의 실행이 의미 있는 점은 지금까지와는 다른 개념으로 혁신의 틀을 만들어 가고 있다는 것 입니다.

장림 브릿지, 물류의 흐름을 바꾸어 그 효율을 높이기 시작한 물류 구조개혁, 쌩쌩 달리던 지게차, 공터마다 쌓여 있던 제품들. 비가 오는 날이면 장날 소나기 오듯 분주히 비닐 덮고 더욱 바쁘게 움직이는 지게차 소리. 이제 부산공장에서는 다시 볼 수 없는 풍경이 되었습니다. 그렇게 탈도 많던 수출가공센터가 지금은 가장 우수하고 모범적인 작업장으로 개선되고, 획기적인 클레임 실적을 달성한 것은 이OO님과 일신물류 김OO 대표님의 공이 컸습니다.

폐기물 50%절감은 앞으로 부산의 온리원적인 구조개혁이 될 것입니다. 6개월 전 폐기물처리장에서 주워온 필름지관이 다시 리싸이클 되어 사용하게 된 것은 참으로 뿌듯하고 대견한 마음입니다. 끝까지 실현해 준 김OO님께 칭찬과 감사를 함께 드립니다. 폐수의 분리를 통해 처리방식을 바꾸어 폐수처리장 처리 능력을 획기적으로 개선하여 증설 시 비용을 20억 절감한 사례는 아주 훌륭한 성과입니다.

그 동안 공장에 쌓여 있던 불용 자산을 정리하고 지하실 공간을 새로운 보관장소로 만들어 내면서 공장의 자산의 건전성을 확보한 점은 아주 훌륭했고, 자재창고의 관리수준을 한 단계 높이고 지속적으로 개선해 가는 모습은 일진푸드 임OO님의 적극적인 참여와 노력이 있기에 가능했습니다. 공장 내에 대기하는 팔레트를 절반 이상으로 줄이고 그 보관상태를 획기적으로 개선한 점도 아주 잘한 사례라 생각 합니다. GLS의 이OO님의 적극적인 참여와 변화를 칭찬합니다.

미초 OOO억 활동으로 CJ AWARD 가치실천상을 받았습니다. 올해 우리를 하나로 뭉치게 해주었고 함께 공유하는 가치를 만들어 주었습니다. 이 활동에 적극적인 참여를 해 준 아주 많은 분들께 진심으로 감사의 마음을 보냅니다. 너무나 많은 분들이 열정을 보여주어 일일이 거명은 못하지만 다시 한번 모든 분께 감사 드립니다. 내년에는 이런 구조개혁 과제의 범위와 목표를 훨씬 도전적이고 창의적으로 키워 파괴적인 혁신을 위한 시도와 열정을 여러분들과 함께 불태워볼까 합니다.

제가 가장 자신을 잃지 않고 희망을 가질 수 있는 건 바로 "최고의 선수들과 한 팀을 이루어 나아갈 수 있다"는 사실 입니다. 이번에 개편된 조직도 그런 맥락에서 부족한 부분과 집중해야 할 부분의 자원을 적소에 배치하고, 그 리더들이 함께 공유하는 가치와 목표를 향해 팀웍과 열정을 불태우는 한 해가 되었으면 합니다.

모쪼록 부족한 저를 믿고 함께 해준 나의 가장 믿음직한 정예부대 직장들께 진심으로 고맙다는 말 전합니다. 내년에는 한 단계 업그레이드 된 리더십으로 현장의 혁신과 변화를 만들어 주기를 기대하겠습니다. 한

해를 마무리하는 시점에 글을 쓰다 보니 어디 멀리 떠나는 느낌 입니다.

내년에 여러분들과 꼭 이루고 싶은 목표와 비전이 있으니 여러분과 함께 하는 제2의 변화와 혁신이 있을 겁니다. 내년에는 올해보다 훨씬 즐겁고 보람 있는 직장생활이 될 겁니다. 그리고 올해 못한 성과까지 더해서 큰 성과도 이루어 낼 겁니다.

아무쪼록 부산공장의 모든 분들께 한해 고생 많으셨다는 말씀과 감사의 마음을 다시 한번 보냅니다. 우리가 애지중지 하는 신입사원들이 당당한 갈매기가 되어 날아 오르는 내년을 생각하니 너무너무 벅찬 마음 입니다. 새로운 젊은 피와 함께 부산공장의 제 2의 위대한 도전을 시작 합시다. 감사합니다.

## 감사의 글

이 책이 세상에 나오기까지 오랜 시간 밤을 새면서까지 자료를 준비하고 정리하느라 애쓴 김영호, 양인석, 김기백, 김진욱, 김가겸, 이철우 님의 노고를 잊지 않겠습니다.

또 바쁜 업무에도 인터뷰에 응해 준 강남철, 황우경, 조현 님, 감수를 맡아준 김태호, 이성택, 임상훈 님에게 고마움을 전합니다.

특히 힘든 가운데서도 안전경영 철학을 믿고 따라와 준 공장장들을 비롯한 모든 CJ 가족과 이 책을 읽을 독자 여러분 모두에게 안전과 행복이 가득하길 기원합니다. 감사합니다.

# 참고문헌

허남석 <안전한 일터가 행복한 세상을 만든다>(행복에너지. 2016)

이양수 <안전경영, 1%의 실수는 100%의 실패이다>(이다미디어. 2015)

이충호 <안전경영학 카페>(이담북스. 2015)

포스코사람들 공저 <강한 현장이 강한 기업을 만든다>(김영사. 2009)

하가시게루 <안전의식혁명>(인재NO. 2012)

제임스C.헌터 <서번트리더십>(시대의창. 2002)

조미옥 <훌륭한 일터 GWP(넥서스BIZ. 2010)

존 나이스비트 <마인드세트>(비즈니스북스. 2006)

정진우 <산업안전보건법 국제비교>(한국학술정보리걸플러스. 2015)

김연수 <경영혁신, 안전에서 출발하라>(좋은땅. 2016)

박지원 <열하일기>(보리. 2004)

조엘 오스틴 <긍정의 힘>(두란노. 2005)

# 저자소개

## 김근영

1961년 충북 충주에서 2남2녀의 둘째로 태어나 청주고등학교를 졸업하고 한양대학교에서 재료공학학사과정을 수료.

1986년 삼성그룹공채로 입사. 삼성코닝에서 브라운관용 유리 금형설계를 4년간 경험하고, 유리 제조전문가로 현장에서 근무.

[ 1999년 삼성그룹 제조부문 자랑스런 삼성인상을 수상 ]

2002년 말레이시아 제조그룹장. 글로벌경영의 현장경험

2006년 그룹임원승진. 신규사업 제품개발및 제조

2009년 CJ제일제당이동. 신동방cp 대표이사

2010년 제일제당 기술센터장. 리엔지니어링의 개념도입, 엔지니어전문조직의 신설

2011년 제일제당 부산공장장. 현장혁신의 신규 패러다임을 도입, 개선여행의 본격 현장도입

2013년 제일제당 생산총괄. 해외사업장 건설등 글로벌 프로젝트 팀조직및 수행

2014년 그룹 안전경영실장. 그룹안전경영시스템을 도입실행, 그룹안전의날 SDR 시스템 도입

2017년 제일제당 생산본부장. 초격차역량을 위한 온리원설비개발, 공장설계자동화 해외공장건설등 글로벌사업확대를 위한 엔지니어링강화 및 품질경영시스템 혁신 업무수행

2023년 생산지원실장. 글로법 제조지원및 기술개발

2024년 상근고문

저자는 제조리더로서 소통을 중시하고 안전에 대한 확고한 신념을 가지고 재임 기간내내 한결같이 안전경영을 실천하면서 풍부한 경험과 역량을 쌓았다. 신기술개발, 설비국산화, 공장설계자동화등을 통해 엔지니어링 인력과 역량을 획기적으로 향상시켰고, TPM.중심의 현장혁신을 과감히 리더와 구성원의 소통과 참여를 유도한 개선여행을 도입하여 현장혁신의 새로운 패러다임을 만들어 냈다. 품질경영에 대해서도 반복적인 품질사고 예방을 위해 구조적인 개선을 위한 혁신프로젝트를 수행하여 품질구성원의 문제해결역량을 획기적으로 끌어 올렸다. 해외주재경험과 해외 공장건설및 운영지원을 통해 글로벌역량을 갖추고 현지화의 경험을 쌓았다. 이런 혁신의 동력에는 구성원들에 대한 진정성을 기반으로 가치실천의 리더십을 꾸준히 실천한것이 핵심이었다. 40여년간 제조리더로서 경험한 역량을 이 책자를 통해 전파하고 나누고 싶은 마음으로 부족하지만 이 책을 썼다.

**산업현장의 중대재해, 어떻게 막을 것인가**

진정성으로 만드는 지속 가능한 안전경영

초판 발행   2025년 9월 15일
초판 2쇄   2025년 9월 20일

**지은이**   김근영

발행인   정유진
발행처   노북(no book)
주　소   서울특별시 서초구 강남대로53길 8 11층
전　화   031-8025-9200
팩　스   050-4211-8560
출판등록   2018년 7월 27일 제2018-000072호
홈페이지   www.nobook.modoo.at
이 메 일   nobookorea@gmail.com

ISBN 979-11-90462-71-6 [ 03320 ]

ⓒ 2025 김근영, Published by no book, Printed in Korea

+ 이 책은 저작권법에 따라 보호받는 저작물이므로 무단 전재와 복제를 금지합니다.
+ 잘못 만들어진 책은 구입한 곳에서 교환해드립니다.